中华优秀传统文化的传承发展研究

王 敏 陈 捷 张建云 著

吉林文史出版社

图书在版编目（CIP）数据

中华优秀传统文化的传承发展研究 / 王敏, 陈捷, 张建云著. -- 长春 : 吉林文史出版社, 2024.8.
ISBN 978-7-5752-0569-6

Ⅰ. K203

中国国家版本馆CIP数据核字第2024M6K394号

中华优秀传统文化的传承发展研究
ZHONGHUA YOUXIU CHUANTONG WENHUA DE CHUANCHENG FAZHAN YANJIU

出 版 人：张　强
著　　者：王　敏　陈　捷　张建云
责任编辑：张宏伟
版式设计：李　鹏
封面设计：文　亮
出版发行：吉林文史出版社
电　　话：0431-81629352
地　　址：长春市福祉大路5788号
邮　　编：130117
地　　址：www.jlws.com.cn
印　　刷：北京昌联印刷有限公司
开　　本：710mm×1000mm　1/16
印　　张：13.5
字　　数：210千字
版次印次：2024年8月第1版　2024年8月第1次印刷
书　　号：ISBN 978-7-5752-0569-6
定　　价：78.00元

前　言

在浩渺的历史长河中，中华优秀传统文化以其深邃的智慧、独特的魅力，成为中华民族生生不息、发展壮大的精神源泉。它承载着中华民族的智慧结晶，是我们国家文化软实力的重要体现，也是我们民族自信的坚实基石。在当今世界多元文化交融的背景下，深入研究中华优秀传统文化的传承与发展，不仅对于弘扬民族文化、增强文化自信具有重要意义，而且对于推动中华文化走向世界、实现文化强国战略目标具有深远影响。

中华优秀传统文化的传承与发展，是一个复杂而系统的工程。它涉及文化遗产的保护、文化教育的普及、文化产业的发展等多个方面。在传承过程中，我们既要保持传统文化的精髓和特色，又要结合时代特点，推动传统文化的创新与发展。同时，我们还要注重文化的国际交流与合作，让中华文化在国际舞台上展现出更加独特的魅力和价值。

本研究旨在深入探讨中华优秀传统文化的传承与发展问题。我们将从文化遗产的保护、文化教育的普及、文化产业的发展等方面入手，分析当前文化传承与发展的现状和问题，提出相应的对策和建议。我们希望通过本研究，能够为中华优秀传统文化的传承与发展提供有益的参考和借鉴，为推动中华文化走向世界、实现文化强国战略目标贡献自己的力量。

本书在撰写过程中，参阅和引用了一些文献资料，谨向它们的作者表示感谢；感谢一直以来支持、鼓励和鞭策我成长的师长和学界同人。由于笔者水平有限，书中难免存在不妥甚至谬误之处，敬请广大学界同人和读者批评指正。

目　录

第一章　中华传统文化的源起与特点

第一节　古代文明与中华文化的萌发

一、古代文明的起源与发展

（一）地理环境与古代文明的诞生

古代文明的起源往往与其所处的地理环境息息相关。地理环境包括地形、气候、资源等多个方面，它们共同构成了文明发展的基础条件。

首先，地形对于古代文明的起源具有决定性的影响。例如，河流冲积平原地区因其肥沃的土壤和便利的水运条件，成为古代文明的重要发源地。尼罗河流域孕育了古埃及文明，黄河长江流域则是中华文明的重要发源地。这些地区土地肥沃，气候适宜，为古代文明的农业生产提供了良好的条件。

其次，气候也是影响古代文明起源的重要因素。不同的气候类型对农业生产和人类生活方式产生了深远的影响。例如，地中海气候区夏季炎热干燥，冬季温暖湿润，适宜葡萄、橄榄等作物的生长，从而催生了地中海地区的贸易和文化交流。而温带海洋性气候区则因其四季分明、降水均匀的特点，为农业生产和城市发展提供了良好的条件。

此外，资源分布也对古代文明的起源产生了重要影响。例如，矿产资源丰富的地区往往成为古代文明的重要工业基地，而海洋资源丰富的地区则发展成为重要的贸易和文化交流中心。

（二）社会结构与古代文明的发展

社会结构是古代文明发展的重要组成部分，它决定了文明的发展方向和速度。

首先，家庭是古代社会的基本单位，家庭成员之间的分工和合作对于古代文明的发展具有重要意义。例如，在农业社会中，家庭成员之间的分工合作促进了农业生产的发展，为文明的发展提供了物质基础。

其次，政治结构也是古代文明发展的重要因素。在古代社会中，政治结构往往以君主制、贵族制或城邦制为主。这些政治制度在促进社会稳定和经济发展方面发挥了重要作用。同时，政治制度的变化也反映了古代文明发展的历程和趋势。

此外，经济结构和宗教信仰也对古代文明的发展产生了重要影响。经济结构的变化促进了社会分工和商品经济的发展，为文明的发展提供了动力。而宗教信仰则在一定程度上塑造了古代社会的价值观和道德观念，影响了人们的生活方式和行为准则。

（三）科技创新与古代文明的进步

科技创新是推动古代文明进步的重要动力。

首先，农业技术的创新对于古代文明的发展具有重要意义。例如，灌溉技术、耕作技术、育种技术等的发展，提高了农业生产效率，为古代文明的发展提供了充足的粮食供应。

其次，手工业技术的创新也促进了古代文明的发展。例如，金属冶炼技术、纺织技术、建筑技术等的发展，提高了手工业产品的质量和产量，为古代文明的发展提供了物质基础。

此外，交通和通信技术的创新也推动了古代文明的进步。例如，道路、桥梁、运河等交通设施的建设，促进了商品和信息的流通；而书信、驿站等通信方式的发展，则加强了不同地区之间的联系和交流。

（四）文化交流与古代文明的融合

文化交流是古代文明发展的重要推动力之一。通过文化交流，不同文明之间可以相互借鉴、融合和发展。

首先，贸易活动是促进文化交流的重要途径之一。通过贸易活动，不同文明之间的商品、技术和文化得以传播和交流。这种交流不仅促进了经济繁荣和科技进步，也加深了不同文明之间的了解和友谊。

其次，战争和征服也是文化交流的一种方式。虽然战争和征服带来了痛苦和破坏，但也促进了不同文明之间的交流和融合。例如，亚历山大大帝的征服战争将希腊文化传播到了埃及、波斯等地；而罗马帝国的扩张则将罗马文化带到了欧洲各地。

此外，宗教传播也是文化交流的重要方式之一。通过宗教传播，不同文明之间的信仰、道德和习俗得以传播和交流。这种交流不仅促进了宗教的多样性和包容性，也加深了不同文明之间的文化认同和融合。

二、中华文化的形成过程

（一）远古文化与中华文化的起源

中华文化的形成源远流长，可以追溯到远古时期。远古文化作为中华文化的起点，奠定了其基础并影响了其后续发展。这一时期的文化主要体现在原始的宗教信仰、图腾崇拜以及初级的艺术形式等方面。

远古时期，原始人类通过图腾来表达对自然的敬畏与崇拜，这种信仰逐渐演化为对祖先的崇拜，进而形成了中华民族特有的祖先崇拜文化。同时，原始的艺术形式，如彩陶、岩画等，也反映了远古人类对生活的理解和追求，这些艺术形式在后来的中华文化中得到了进一步的继承和发展。

此外，远古文化还体现在对自然的观察和利用上。古代人民根据天象、气候等自然现象，总结出了一套独特的历法和时令观念，为农业生产提供了指导。这种对自然的敬畏和利用的态度，也成了中华文化中的重要组成部分。

（二）先秦文化与百家争鸣

先秦时期是中华文化形成的关键时期，这一时期的文化繁荣为后世的文化发展奠定了基础。先秦文化主要体现在诸子百家的争鸣中，各家学派纷纷提出自己的思想主张，形成了多元化的文化格局。

儒家学派强调仁爱、礼义，注重个人修养和社会秩序的建立；道家学派则主张道法自然、无为而治，强调与自然和谐共处；墨家学派则提出兼爱非攻的思想，倡导平等和博爱。这些学派的思想在当时的社会中得到了广泛的传播和认同，对中华文化的发展产生了深远的影响。

同时，先秦时期的文学、艺术也取得了显著的成就。《诗经》《楚辞》等文学作品的出现，展示了先秦文化的独特魅力；青铜器、玉器等艺术品的精湛工艺，也体现了先秦时期的文化底蕴。

（三）秦汉一统与文化的融合

秦汉时期是中华文化融合发展的重要阶段。随着秦朝的统一六国，中华文化开始走向一统。秦朝推行的一系列制度和文化措施，如书同文、车同轨等，促进了各地文化的交流与融合。

汉朝继承了秦朝的文化遗产，并进一步推动了中华文化的发展。汉武帝时期推行的"罢黜百家，独尊儒术"政策，使得儒家文化成为中华文化的主流。同时，汉朝的文学、艺术也取得了辉煌的成就。《史记》《汉书》等历史著作的问世，为后世的历史研究提供了宝贵的资料；汉赋、乐府诗等文学形式的兴起，丰富了中华文化的内涵。

（四）魏晋南北朝至隋唐的文化繁荣与创新

魏晋南北朝至隋唐时期是中华文化繁荣与创新的黄金时代。这一时期的文化发展呈现出多元化的特点，佛教文化的传入与本土文化的融合为中华文化注入了新的活力。

魏晋南北朝时期的文化交流频繁，佛教文化的传入对中华文化产生了深远的影响。佛教艺术与本土艺术的融合创新产生了独特的佛教艺术风格，如敦煌莫高窟的壁画和雕塑等。同时，魏晋南北朝时期的文学也取得了显著的成就，《世说新语》《文心雕龙》等著作的问世标志着文学理论的成熟和发展。

隋唐时期的文化繁荣更是达到了巅峰状态。唐诗的兴起将中华文化推向了一个新的高度，李白、杜甫等伟大诗人的作品至今仍然被人们传颂不衰。

同时，隋唐时期的绘画、雕塑等艺术也取得了辉煌的成就，如唐代的壁画和雕塑等作品展示了中华文化的瑰丽与辉煌。

四、中华文化的世界意义

（一）丰富世界文明内涵

中华文化作为世界文明的重要组成部分，其深厚的历史底蕴和独特的文化内涵为世界文明的发展注入了新的活力，丰富了世界文明的内涵。

首先，中华文化的连续性、独特性和创新性为世界文明的发展提供了独特的视角和思路。中华文化自古以来就强调"天人合一""和而不同"的哲学思想，这种思想不仅体现了中华文化对于自然和社会的深刻理解和尊重，也为世界文明的发展提供了新的思路和方向。同时，中华文化在文学、艺术、科技等领域的创新和发展也为世界文明的发展提供了重要的借鉴和启示。

其次，中华文化的包容性和融合性为世界文明的多元发展提供了重要的支撑。中华文化在发展过程中不断吸收和融合其他民族、地区、国家的文化元素，形成了独特的文化多样性。这种包容性和融合性不仅有助于推动不同文化之间的交流和互鉴，也有助于推动世界文明的多元发展，形成更加丰富多彩的文化景观。

（二）促进全球文化交流与互鉴

中华文化作为世界文化的重要组成部分，其独特的文化魅力和深厚的文化底蕴吸引了世界各地的关注和兴趣，为全球文化交流与互鉴提供了重要的平台。

首先，中华文化的传播和推广有助于增强世界各国人民对于中华文化的了解和认同，促进不同文化之间的交流和互鉴。通过举办文化节、文化展览、文化交流活动等形式，可以让更多的人了解中华文化的历史、传统、艺术等方面的内容，增进不同文化之间的了解和友谊。

其次，中华文化的包容性和融合性也为全球文化交流与互鉴提供了重要的思路和方法。在全球化的背景下，不同文化之间的交流和互鉴变得越来越重要。中华文化通过吸收和融合其他文化的元素，形成了独特的文化多样性，这种文化多样性不仅有助于推动不同文化之间的交流和互鉴，也有助于推动全球文化的多样性和包容性。

（三）提供解决全球性问题的智慧与方案

中华文化在解决全球性问题方面也具有独特的智慧和方案，为世界各国提供了重要的参考和借鉴。

首先，中华文化的"和谐"思想为解决全球性问题提供了重要的思路。在全球化的背景下，各国之间的联系越来越紧密，但同时也面临着许多全球性问题，如气候变化、环境保护、恐怖主义等。中华文化的"和谐"思想强调人与人之间的和谐相处、人与自然的和谐共生，这种思想为解决全球性问题提供了重要的思路和方法。

其次，中华文化的"中庸之道"也为解决全球性问题提供了重要的智慧。中庸之道强调"过犹不及"，追求平衡和调和，这种思想在处理国际关系和解决全球性问题时也具有重要的应用价值。通过中庸之道的思想和方法，可以平衡不同国家之间的利益诉求，推动国际关系的和谐稳定。

（四）推动构建人类命运共同体

中华文化的"天下为公"思想为推动构建人类命运共同体提供了重要的理论基础和实践指导。

首先，"天下为公"思想强调全人类的共同利益和福祉，倡导各国人民携手合作、共同发展。在全球化的背景下，各国之间的联系越来越紧密，共同面临的挑战也越来越严峻。只有通过加强国际合作、共同应对挑战，才能实现全人类的共同繁荣和发展。

其次，"天下为公"思想也强调文化多样性和包容性，倡导不同文化之间的交流和互鉴。在全球化的背景下，不同文化之间的交流和互鉴变得越来越重要。通过加强不同文化之间的交流和互鉴，可以增进相互了解和友谊，推动全球文化的多样性和包容性。同时，也可以促进不同文化之间的融合和创新，为全球文化的发展注入新的活力。

中华文化的世界意义不仅在于其丰富的历史底蕴和独特的文化内涵，更在于其对于全球文明发展的贡献和影响。通过加强中华文化的传播和推广、推动全球文化交流与互鉴、提供解决全球性问题的智慧与方案以及推动构建人类命运共同体等方面的努力，可以进一步发挥中华文化在世界文明发展中的作用和影响力。

第二节 传统艺术的独特魅力

一、传统艺术的历史渊源

（一）起源与初步发展

中国传统艺术的历史渊源深远，其起源可追溯到远古时期。在原始社会，人类为了生存和发展的需要，开始尝试用各种方式表达情感和记录生活，这些表达方式逐渐演化为各种艺术形式。例如，新石器时代的彩陶纹饰和岩画，就是人类早期艺术的代表。这些艺术作品虽然简单粗糙，但已经初步展示了人类对于造型、色彩和图案的运用能力。

先秦时期，中国传统艺术得到了进一步的发展。在这一时期，绘画、音乐、舞蹈等艺术形式开始逐渐成熟。例如，周代宫、明堂、庙祠中的历史人物、战国漆器、青铜器纹饰等，都是当时艺术的杰出代表。这些艺术作品不仅体现了当时社会的审美观念，也反映了当时社会的政治、经济和文化状况。

（二）技艺与风格的演变

随着历史的演进，中国传统艺术的技艺和风格也在不断地演变和发展。在秦汉时期，中国的绘画艺术得到了空前的发展，尤其是在壁画方面取得了重大的成就。汉代墓室壁画及画像砖画像石以及随葬帛画等，不仅内容丰富、形式多样，而且技艺精湛、风格独特。这些艺术作品不仅展示了当时社会的繁荣和昌盛，也体现了艺术家们高超的艺术造诣和独特的艺术风格。

魏晋南北朝时期，由于社会动荡不安，艺术家们开始寻求精神上的寄托和慰藉，于是佛教艺术在这一时期得到了广泛的传播和发展。如新疆克孜尔千佛洞、甘肃麦积山石窟、敦煌莫高窟等，都保存了大量的佛教壁画和雕塑作品。这些艺术作品不仅具有极高的艺术价值，也体现了当时社会的宗教信仰和文化特色。

（三）传承与创新

中国传统艺术的传承与创新是一个永恒的话题。在传承方面，历代艺术家们通过学习和借鉴前人的艺术成果，不断地丰富和发展自己的艺术技艺和风格。同时，他们也将自己的艺术思想和创作理念融到自己的作品中，形成了独具特色的艺术风格和流派。

在创新方面，艺术家们不断地探索新的艺术表现方式和技巧，以适应时代的发展和社会的变化。例如，在绘画方面，唐代画家吴道子、周昉等人开创了新的画风和技法，使得绘画艺术更加丰富多彩和生动逼真。在戏曲方面，元曲的出现和发展，使得中国戏曲艺术更加成熟和完善。

（四）社会功能与文化意义

中国传统艺术不仅是一种艺术形式，更是一种社会功能和文化意义的表现。在中国历史上，艺术作品不仅是人们生活的重要组成部分，也是政治和文化宣传的媒介。许多古代艺术作品被赋予了政治、宗教和道德的含义，这些含义深刻地反映了当时中国社会的意识形态和文化思想。

同时，中国传统艺术也具有重要的文化意义。它代表了中华民族几千年的文化积累和传承，是中华文化的重要组成部分。通过学习和欣赏中国传统艺术，我们可以更好地了解中华民族的历史和文化传统，增强民族自豪感和文化自信心。同时，中国传统艺术也可以为当代艺术创作提供灵感和借鉴，推动当代艺术的发展和繁荣。

二、传统艺术的主要形式

（一）绘画艺术

中国传统绘画艺术源远流长，具有独特的魅力和深厚的文化底蕴。它以笔墨纸砚为主要工具，通过线条、色彩和墨色的运用，展现出丰富的艺术效果。中国绘画注重意境和气韵生动，追求自然与人的和谐统一。

中国绘画历史悠久，从古代的壁画、帛画，到卷轴画、扇面画，再到现代的国画，每一种形式都有其独特的艺术特点和风格。例如，古代的壁画常见于墓室、寺庙和宫殿，内容多为历史故事、神话传说和宗教题材，其艺术风格庄重肃穆，富有装饰性。卷轴画则更注重意境和气韵，以山水、花鸟、人物为主要题材，画面多具有诗意和哲理。

在绘画技法上，中国绘画讲究笔墨的运用，追求"墨分五彩"的艺术效果。通过墨色的浓淡干湿、线条的粗细曲直，表现出物体的形态、质感和空间感。同时，中国绘画还注重色彩的搭配和运用，追求色彩的和谐与对比，使画面更加生动和丰富。

（二）书法艺术

中国书法艺术是中国传统艺术的重要组成部分，被誉为"东方艺术的瑰宝"。它以汉字为载体，通过毛笔蘸墨在宣纸上书写汉字，以表现情感和思想。中国书法艺术具有独特的审美价值和艺术魅力，其艺术特点主要体现在笔法的运用、字体的变化和章法的布局上。

中国书法的笔法包括起笔、行笔、收笔等动作，每一种笔法都有其独特的艺术效果。字体的变化则体现了书法的丰富性和多样性，从甲骨文、金文到隶书、楷书、草书、行书等，每一种字体都有其独特的艺术特点和风格。章法的布局则注重整体的和谐与统一，通过字与字、行与行之间的呼应和对比，营造出一种独特的艺术氛围。

中国书法艺术不仅具有独特的艺术魅力，还蕴含着深厚的文化内涵。它不仅是汉字书写的艺术表现，更是中华传统文化、哲学思想和审美观念的体现。通过学习和欣赏中国书法艺术，可以深入了解中华文化的博大精深和独特魅力。

（三）音乐艺术

中国传统音乐艺术是中国文化的重要组成部分，具有悠久的历史和独特的艺术魅力。它以琴、瑟、箫、笛、鼓等乐器为主要表现手段，通过旋律、节奏和音色等音乐元素，表现出丰富的情感和意境。

中国传统音乐注重旋律的优美和节奏的变化，追求音乐与自然的和谐统一。其音乐风格多样，既有婉约细腻的江南丝竹，也有粗犷豪放的北方鼓吹；既有深沉庄重的宫廷雅乐，也有活泼欢快的民间小调。每一种音乐形式都有其独特的艺术特点和风格，体现了中国传统音乐的丰富性和多样性。

同时，中国传统音乐还蕴含着深厚的文化内涵和民族精神。它不仅是人们表达情感和寄托思绪的重要方式，也是传承和弘扬中华文化的重要载体。通过学习和欣赏中国传统音乐，可以深入了解中华文化的历史渊源和民族精神。

（四）戏曲艺术

中国传统戏曲艺术是中国文化的瑰宝之一，具有悠久的历史和独特的艺术魅力。它以唱、念、做、打为主要表现手段，通过演员的表演和唱腔的传达，展示着丰富多彩的故事和精湛的艺术技巧。

中国传统戏曲艺术注重表演的精神和笃定的人生态度，以及对传统价值观的传承。其表演形式多样，包括京剧、昆曲、越剧、豫剧等多种剧种。每一种剧种都有其独特的艺术特点和风格，体现了中国传统戏曲艺术的丰富性和多样性。

同时，中国传统戏曲艺术还蕴含着深厚的文化内涵和民族精神。它不仅是人们娱乐和休闲的重要方式，也是传承和弘扬中华文化的重要载体。通过学习和欣赏中国传统戏曲艺术，可以深入了解中华文化的历史渊源和民族精神。

三、传统艺术的美学特征

（一）意境深远与意象丰富

中国传统艺术在美学上最为显著的特征之一是意境深远与意象丰富。艺术家们通过精心构思和巧妙布局，将自然景物、人物形象和故事情节等融入作品中，创造出一种超越物质世界的艺术境界。这种境界不仅具有高度的审美价值，还能引发观众无限的联想和共鸣。

在绘画艺术中，意境深远的表现尤为突出。艺术家们运用墨色、线条和构图等手段，将自然景物描绘得生动逼真，同时融入自己的情感和思想，使画面呈现出一种深远的意境。例如，山水画中的山水相依、云雾缭绕，不仅表现了自然之美，更传达了艺术家对自然和人生的深刻感悟。

在戏曲艺术中，意象的丰富性也得到了充分体现。艺术家们通过唱、念、做、打等多种表现手段，将戏曲人物的形象和内心世界展现得淋漓尽致。同时，他们还借助道具、服装、音乐等元素，创造出一种独特的戏曲意象，使观众在欣赏戏曲的过程中，能够深刻感受到戏曲艺术的魅力。

（二）和谐统一与对称平衡

中国传统艺术在美学上追求和谐统一与对称平衡。艺术家们认为，和谐统一是艺术的最高境界，它体现了自然与人的和谐、人与社会的和谐以及人与内心的和谐。对称平衡则是实现和谐统一的重要手段之一，它通过对称和平衡的布局、构图和色彩运用等，使艺术作品呈现出一种稳定、庄重和优美的视觉效果。

在绘画艺术中，和谐统一与对称平衡得到了广泛应用。艺术家们注重画面的整体布局和色彩搭配，通过精心构思和巧妙安排，使画面呈现出一种和谐统一的美感。同时，他们还善于运用对称和平衡的手法，使画面更加稳定、庄重和优美。例如，在山水画中，艺术家们通过山水的呼应、云雾的缭绕等手法，使画面呈现出一种和谐统一的美感；在人物画中，他们则通过人物与背景的和谐搭配、服饰与道具的对称平衡等手法，使画面更加生动、真实和富有美感。

在建筑艺术中，和谐统一与对称平衡也得到了充分体现。中国古代建筑注重整体布局和对称平衡，通过屋檐的翘起、斗拱的堆叠等手法，使建筑呈现出一种庄重、典雅和优美的视觉效果。同时，建筑师们还善于运用色彩和材质等元素，使建筑与周围环境相协调、相融合，实现自然与人的和谐统一。

（三）形神兼备与写意传神

中国传统艺术在美学上强调形神兼备与写意传神。艺术家们认为，艺术作品不仅要表现出物体的外在形态和特征，更要传达出物体的内在精神和气质。因此，他们在创作过程中注重形与神的统一、实与虚的交融以及意与象的结合。

在绘画艺术中，形神兼备与写意传神得到了充分体现。艺术家们通过精细的笔触和丰富的墨色变化，将物体的形态和特征表现得淋漓尽致；同时，他们还通过笔墨的运用和意境的营造，传达出物体的内在精神和气质。例如，在花鸟画中，艺术家们通过精细的描绘和生动的表现，将花鸟的形态和特征表现得栩栩如生；同时，他们还通过笔墨的运用和意境的营造，传达出花鸟的生机和活力。

在书法艺术中，形神兼备与写意传神也得到了充分体现。书法家们通过笔法的运用和字体的变化，将汉字的形态和特征表现得淋漓尽致；同时，他们还通过墨色的浓淡干湿和笔势的起伏变化，传达出汉字的内在精神和气质。这种形神兼备、写意传神的书法艺术不仅具有独特的审美价值和文化内涵，更能引发人们对人生和自然的深刻感悟。

（四）注重内涵与寓意深远

中国传统艺术在美学上注重内涵与寓意深远。艺术家们认为，艺术作品不仅要具有外在的美感和形式感，更要具有深刻的内涵和寓意。因此，他们在创作过程中注重表现对象的本质和内在意义，通过艺术手法和表现形式传达出深刻的寓意和思想。

在绘画艺术中，艺术家们善于运用象征、隐喻等手法，将自然景物和人物形象等赋予深刻的内涵和寓意。例如，在山水画中，艺术家们通过山水的描绘和意境的营造，传达出对自然和人生的热爱和敬畏；在人物画中，他们则通过人物形象的刻画和服饰道具的描绘等手法，传达出对人物性格和命运的关注与思考。

在戏曲艺术中，艺术家们通过戏曲人物的形象塑造和故事情节的编排等手法，传达出深刻的社会寓意和人生哲理。例如，在京剧《霸王别姬》中，艺术家们通过对程蝶衣和段小楼两个戏曲人物的刻画和命运的安排等手法，传达出对人性、爱情和命运的深刻思考。这种注重内涵与寓意深远的戏曲艺术不仅具有独特的审美价值和文化内涵，更能引发观众对人生和社会的深刻反思。

四、传统艺术在当代社会的魅力

（一）文化传承与历史连接的纽带

传统艺术作为中华民族悠久历史和文化的重要载体，具有深厚的历史底蕴和文化内涵。在当代社会，传统艺术成了文化传承与历史连接的纽带，为人们提供了与过去对话、理解历史文化的桥梁。

首先，传统艺术通过其独特的艺术形式和表现手法，让人们能够直观地感受到历史文化的魅力和韵味。无论是京剧的唱腔、舞蹈的韵味，还是绘画的笔墨、书法的笔意，都蕴含着丰富的历史文化信息，让人们能够从中领略到中华文化的博大精深。

其次，传统艺术作为非物质文化遗产的重要组成部分，具有独特的文化价值和历史价值。在当代社会，随着全球化进程的加速和多元文化的交融，传统艺术面临着传承和保护的挑战。然而，正是这些挑战使得传统艺术在当代社会焕发出新的生机和活力，成为文化传承和历史连接的重要纽带。

（二）审美体验与情感共鸣的源泉

传统艺术以其独特的审美特征和情感表达方式，为人们提供了丰富的审美体验和情感共鸣的源泉。在当代社会，随着物质生活的丰富和人们精神需求的提高，传统艺术在审美和情感方面的魅力愈发凸显。

首先，传统艺术具有独特的审美特征和美学价值。无论是绘画的构图、书法的笔意，还是音乐的旋律、戏曲的表演，都蕴含着独特的审美元素和美学追求。这些元素和追求不仅满足了人们对美的追求和欣赏，也提升了人们的审美能力和审美水平。

其次，传统艺术以其深沉的情感表达和细腻的情感刻画，引发了人们的情感共鸣和心灵共鸣。无论是绘画中的山水花鸟、人物故事，还是音乐中的悲欢离合、爱恨情仇，都能够触动人们内心深处的情感弦，让人们感受到生命的真谛和人生的意义。

（三）创新发展的灵感与源泉

传统艺术不仅是历史的传承和文化的载体，也是当代艺术创新发展的灵感与源泉。在当代社会，随着科技的发展和社会的进步，传统艺术面临着创新发展的机遇和挑战。

首先，传统艺术为当代艺术提供了丰富的创作素材和灵感来源。无论是绘画的构图、书法的笔意，还是音乐的旋律、戏曲的表演，都可以为当代艺术家提供丰富的创作素材和灵感来源。这些素材和灵感不仅能够激发艺术家的创作灵感和创作热情，也能够为当代艺术注入新的元素和活力。

其次，传统艺术也为当代艺术提供了独特的艺术风格和表现手法。传统艺术在长期的发展过程中形成了独特的艺术风格和表现手法，这些风格和手法在当代艺术中得到了广泛的运用和发展。例如，在绘画艺术中，当代艺术家们可以借鉴传统绘画的构图和笔法，创造出具有独特魅力的当代艺术作品；在音乐艺术中，当代音乐家们可以借鉴传统音乐的旋律和节奏，创作出具有时代感和创新性的音乐作品。

（四）国际交流与文化自信的展现

传统艺术在国际交流中发挥着重要作用，成为展现中国文化自信和魅力的重要窗口。在当代社会，随着全球化的加速和国际交流的增多，传统艺术在国际舞台上展现出独特的魅力和影响力。

首先，传统艺术作为中国文化的重要代表，在国际交流中展现了中华文化的独特魅力和深厚底蕴。无论是京剧的演出、书法的展示，还是绘画的展览、音乐的演奏，都能够让国际友人领略到中华文化的博大精深和独特韵味。

其次，传统艺术在国际交流中也提升了中国的文化自信和影响力。通过在国际舞台上展示传统艺术，不仅能够让国际友人更加了解和欣赏中华文化，也能够增强中国人民的文化自信心和民族自豪感。同时，传统艺术在国际交流中也为中国文化的传播和推广做出了重要贡献，为中国文化的国际化发展奠定了坚实基础。

第三节　古代科技与文化的关系

一、古代科技的发展历程

（一）起源与萌芽阶段

古代科技的起源与萌芽阶段可追溯到新石器时代晚期至青铜器时代。在这一时期，人类开始从简单的采集、狩猎向农耕、畜牧转变，生产力的提高为科技的萌芽提供了物质基础。同时，火的使用、工具的改进和简单的陶器制作等，标志着人类开始利用和改造自然，为后续的科技发展奠定了基础。

在这一阶段，古代科技主要体现在农业、畜牧业和手工业等方面。例如，在农业方面，人们通过长期的实践，积累了丰富的耕作经验，如轮作、灌溉、施肥等；在畜牧业方面，人们学会了驯化动物，提高了养殖效率；在手工业方面，陶器的制作技术逐渐成熟，人们开始使用青铜工具进行生产。

此外，古代科技在这一阶段还体现在数学、天文、地理等基础学科的发展上。人们通过观察自然现象，积累了丰富的数据，为后来的科学研究提供了宝贵的资料。

（二）发展与繁荣阶段

从春秋战国时期开始，古代科技进入了发展与繁荣阶段。这一时期的政治、经济和文化环境为科技的繁荣提供了有力支持。各国之间的战争促进了军事科技的发展，如兵器制造、战车制造等；同时，经济的繁荣也推动了农业、手工业和商业的发展，进一步促进了科技的进步。

在这一阶段，古代科技在多个领域取得了显著成就。例如，在数学领域，九章算术等著作的出现，标志着中国数学体系的形成；在天文领域，人们通过观察天象，制定了精确的历法，如太初历、四分历等；在地理领域，人们开始绘制地图，对地理环境有了更深入的认识；在医学领域，《黄帝内经》等医学著作的出现，为中医的发展奠定了基础。

此外，古代科技在这一阶段还体现在建筑工程、水利工程和机械制造等方面。例如，长城、大运河等伟大工程的建设，不仅体现了古代人民的智慧和勇气，也推动了相关科技的发展；同时，各种农业机械、纺织机械和运输机械等的发明和改进，也大大提高了生产效率。

（三）融合与交流阶段

随着丝绸之路的开通和海上贸易的发展，古代科技进入了融合与交流阶段。这一时期，东西方之间的科技交流日益频繁，不同文明之间的科技成果相互借鉴、融合，推动了全球科技的进步。

在这一阶段，古代科技在多个领域取得了新的成就。例如，在造纸术、印刷术和火药等领域，中国的发明传播到了世界各地，对全球科技的发展产生了深远影响；同时，西方的一些科技成果也传入了中国，如几何学、天文学等学科的引进，为中国科技的发展注入了新的活力。

此外，融合与交流还促进了不同文明之间的文化交流和相互理解。通过科技交流，人们开始认识到不同文明之间的共同点和差异点，增进了相互之间的了解和尊重。

（四）传承与转型阶段

随着封建社会的衰落和近代社会的到来，古代科技进入了传承与转型阶段。在这一时期，虽然古代科技仍然在某些领域得到传承和发展，但整体上已经无法满足社会的需求，需要向近代科技转型。

在这一阶段，古代科技在传承方面主要体现在对传统科技成果的整理和保护上。例如，对古代医学、数学、天文等学科的经典著作进行整理和保护，为后来的研究提供了宝贵的资料。同时，一些传统的科技工艺也得到了传承和发展，如陶瓷制作、丝绸织造等。

在转型方面，古代科技开始向近代科技转型。随着工业革命的兴起和科学技术的快速发展，古代科技已经无法适应社会的需求。因此，人们开始引进和学习西方的科学技术，推动中国传统科技向近代科技转型。这一转型过程虽然艰难曲折，但最终为中国科技的发展奠定了新的基础。

二、科技与文化的相互促进

（一）科技创新推动文化繁荣

科技创新是推动文化繁荣的重要动力。随着科技的不断发展，新的科技工具和平台为文化创作、传播和交流提供了前所未有的便利和可能性。

首先，科技创新为文化创作提供了新的工具和手段。例如，数字技术的广泛应用使得电影、音乐、绘画等艺术形式得以突破传统限制，展现出更加丰富的表现力和创造力。艺术家们可以利用电脑软件、数字绘画板等工具进行创作，实现更加精准和复杂的艺术效果。

其次，科技创新推动了文化产品的传播和交流。互联网的普及使得文化产品可以迅速传播到世界各地，打破了地域和时间的限制。人们可以通过网络观看电影、欣赏音乐、阅读电子书等，享受到更加丰富多样的文化产品。同时，社交媒体等平台的出现也为文化交流提供了便利，人们可以在线分享自己的文化见解和体验，促进不同文化之间的交流和融合。

例如，中国的传统文化通过电影、音乐、舞蹈等艺术形式的创新表现，吸引了更多年轻人的关注和喜爱。同时，中国的电影、音乐等文化产品也通过国际电影节、音乐会等渠道走向世界，为世界文化的繁荣作出了贡献。

（二）文化传承促进科技发展

文化传承也是推动科技发展的重要因素。传统文化中的智慧和经验为科技发展提供了重要的启示和借鉴。

首先，传统文化中的哲学思想、科学观念等对科技发展产生了深远影响。例如，中国古代的阴阳五行学说、道家的无为而治等思想对现代科学的发展产生了重要影响。科学家们在这些思想的启示下，不断探索自然界的奥秘，推动科技的进步。

其次，传统文化中的技术和工艺也为科技发展提供了重要的借鉴和参考。例如，中国古代的四大发明——造纸术、印刷术、火药和指南针，不仅在当时推动了社会的进步和发展，也为后来的科技发展提供了重要的启示和借鉴。现代科技在发展过程中，不断吸收和借鉴传统技术和工艺的优点，推动科技的进步和创新。

例如，中国的传统医学通过长期的实践和研究，积累了丰富的医学知识和经验。现代医学在发展过程中，不断吸收和借鉴中医的优点和特色，推动了医学领域的发展和创新。

（三）科技与文化融合创新

科技与文化的融合创新是推动社会发展的重要动力。通过将科技与文化相结合，可以创造出新的文化形态和产业模式，为社会的发展注入新的活力。

首先，科技与文化融合创新可以推动文化产业的发展。随着科技的不断发展，数字媒体、虚拟现实等新技术在文化领域的应用越来越广泛。这些技术为文化产业提供了新的发展机遇和空间，推动了文化产业的创新和发展。

其次，科技与文化融合创新还可以推动传统文化的传承和创新。通过将传统文化与现代科技相结合，可以创造出新的文化形态和表现形式，让传统文化焕发新的生机和活力。例如，利用虚拟现实技术重现古代建筑、文化场景等，可以让人们更加直观地了解和感受传统文化的魅力。

（四）科技与文化共同推动社会进步

科技与文化共同推动社会进步是二者相互促进的最终体现。科技与文化的发展相辅相成，共同推动社会的经济、政治、文化等方面的进步。

首先，科技与文化的发展为经济发展提供了重要的支撑和动力。科技创新推动了产业结构的升级和转型，提高了生产效率和质量；文化创新则推动了文化产业的发展，为社会创造了更多的经济价值。

其次，科技与文化的发展也推动了社会政治制度的改革和完善。科技的创新应用为政治制度的改革提供了重要的技术支持和保障；文化的传承和创新则推动了社会思想观念的更新和进步，为政治制度的完善提供了思想基础。

最后，科技与文化的发展还推动了社会文化的繁荣和发展。科技的创新应用为文化创作和传播提供了更多的可能性和空间；文化的传承和创新则推动了社会文化的多样性和包容性，为社会的和谐发展提供了文化基础。

三、科技对文化发展的推动作用

（一）科技创新拓宽文化表达与传播渠道

科技创新极大地拓宽了文化表达与传播渠道，为文化的多样性和丰富性提供了无限可能。首先，数字技术、互联网和移动通信技术的发展，使得文化内容能够以更加快速、广泛的方式传播到世界的每一个角落。无论是电影、音乐、书籍还是其他文化产品，都能够通过互联网平台迅速传播，打破了地域限制，让全球文化得以共享。

其次，新媒体和社交媒体的兴起，为文化表达提供了新的平台和工具。人们可以通过博客、微博、短视频等形式，分享自己的文化见解和创作，使得文化表达更加个性化和多样化。这种开放、互动的文化交流模式，不仅促进了文化的传播，也激发了更多人的文化创造力。

此外，虚拟现实（VR）、增强现实（AR）和人工智能（AI）等技术的应用，为文化体验带来了全新的变革。通过 VR 技术，人们可以身临其境地感受古代文明的辉煌、自然风光的壮美；通过 AI 技术，人们可以与文化作品进行互动，获得更加深入的文化体验。这些技术的应用，极大地丰富了文化的表达形式，提高了文化传播的效率。

（二）科技创新促进文化创新与融合

科技创新不仅推动了文化的传播和表达，也促进了文化的创新与融合。首先，科技的进步为文化创新提供了更多的工具和手段。例如，数字音乐制作软件、三维动画技术等工具的出现，使得音乐、影视等文化产品能够呈现出更加丰富的艺术效果。这些工具的出现，降低了文化创作的门槛，激发了更多人的文化创造力。

其次，科技创新推动了不同文化之间的交流与融合。随着全球化的加速，不同文化之间的交流和碰撞日益频繁。科技的应用使得这种交流更加便捷和高效，人们可以通过网络平台了解不同文化的特点和魅力，从而推动文化的融合与创新。这种文化的融合与创新，不仅丰富了文化的内涵，也促进了不同文化之间的理解和尊重。

（三）科技创新提升文化产业的竞争力

科技创新对于文化产业的发展具有重要的推动作用。首先，科技的进步提高了文化产品的生产效率和质量。例如，数字化印刷技术、自动化生产线等技术的应用，使得书籍、音像制品等文化产品的生产更加高效和精准。这不仅降低了生产成本，也提高了产品的质量和竞争力。

其次，科技创新推动了文化产业的转型升级。随着数字媒体的兴起和互联网的发展，文化产业正在经历从传统媒体向新媒体、从单一产业向跨界融合的转型。这种转型不仅为文化产业带来了新的发展机遇，也提高了文化产业的竞争力和市场影响力。

最后，科技创新还推动了文化产业的国际化发展。随着全球化的加速和国际交流的增多，文化产业的国际化趋势越来越明显。科技创新为文化产业提供了更多的国际合作机会和市场拓展空间，使得中国文化能够走向世界，与世界文化进行交流和融合。

（四）科技对文化传承与保护的积极作用

科技在文化传承与保护方面也发挥着重要作用。首先，数字化技术的应用使得文化遗产得以永久保存和传承。通过数字化扫描、3D打印等技术手段，可以将文物、古籍等文化遗产进行数字化处理，使其得以永久保存并方便传承。这种技术的应用，不仅避免了文化遗产的损坏和流失，也提高了文化遗产的传承效率和质量。

其次，科技的应用还为文化遗产的保护提供了更多手段。例如，利用遥感技术、GIS技术等手段对文物进行监测和保护；利用VR技术重现古代文化场景等。这些技术的应用不仅提高了文化遗产的保护效率和质量，也丰富了文化遗产的表现形式和传承方式。

最后，科技的应用还为传统文化的传承与创新提供了更多可能性。通过科技手段对传统文化进行挖掘和整理，可以发现更多传统文化的价值和魅力；通过科技手段对传统文化进行创新和融合，可以创造出更多具有时代感和创新性的文化产品。这种文化的传承与创新不仅丰富了文化的内涵也促进了文化的繁荣和发展。

四、文化对科技发展的影响与贡献

（一）文化观念对科技发展的导向作用

文化观念对科技发展具有深远的导向作用。不同的文化观念会影响人们对科技发展的认知、态度和价值观，从而引导科技发展的方向和路径。

首先，文化观念中的创新精神和探索精神是推动科技发展的重要动力。一个鼓励创新、尊重探索的文化环境能够激发人们的创造力和想象力，推动科技的不断进步。

其次，文化观念中的实用主义和功利主义也会影响科技发展的方向。一个注重实用、追求效益的文化环境会引导科技向解决实际问题、提高生产效率的方向发展。例如，中华传统文化中的"经世致用"思想，推动了古代中国在农业、水利、医学等领域的科技发展。

此外，文化观念中的伦理道德观念也会对科技发展产生约束和引导作用。科技发展必须遵循一定的伦理道德原则，尊重人类尊严和自然环境。一个注重伦理道德的文化环境会引导科技向更加人性化、可持续的方向发展。

（二）文化教育对科技人才的培养

文化教育在培养科技人才方面发挥着至关重要的作用。一个完善的教育体系能够为学生提供全面的知识和技能，培养他们的创新能力和实践能力，为科技发展提供源源不断的人才支持。

首先，文化教育能够为学生提供扎实的学科基础。通过系统的学科教育，学生可以掌握必要的数学、物理、化学等基础知识，为深入学习和研究科技领域打下坚实的基础。

其次，文化教育能够培养学生的创新能力和实践能力。通过课程设计、实验教学等方式，学生可以参与各种科技实践项目，锻炼自己的动手能力和创新能力，提高自己的综合素质。

此外，文化教育还能够为学生提供多元化的学习资源和学习环境。通过图书馆、实验室、网络等渠道，学生可以接触到更多的科技信息和资源，拓宽自己的视野和知识面。

（三）文化多样性对科技创新的促进作用

文化多样性是科技创新的重要源泉。不同文化背景下的人们具有不同的思维方式、价值观念和创新能力，这些差异性的因素能够促进科技创新的多样性和丰富性。

首先，文化多样性能够激发人们的创新思维。不同文化背景下的人们具有不同的思维方式和价值观念，这些差异性的因素能够激发人们的创新思维和想象力，推动科技的不断进步。

其次，文化多样性能够促进不同文化之间的交流和融合。通过文化交流和融合，不同文化之间的优点和特色可以相互借鉴和融合，形成更加完善和创新的科技成果。

最后，文化多样性还能够促进全球化进程中的科技合作。在全球化的背景下，不同国家之间的科技合作越来越频繁。文化多样性能够促进不同国家之间的文化交流和合作，为科技合作提供更加广阔的空间和机会。

（四）文化传承与创新对科技发展的支撑作用

文化传承与创新对科技发展具有重要的支撑作用。一方面，文化传承能够为科技发展提供丰富的历史经验和智慧；另一方面，文化创新能够为科技发展注入新的活力和动力。

首先，文化传承能够为科技发展提供丰富的历史经验和智慧。通过对传统文化的学习和研究，人们可以深入了解历史的发展规律和经验教训，为科技发展提供有益的借鉴和启示。

其次，文化创新能够为科技发展注入新的活力和动力。文化创新不仅能够推动文化产业的发展和繁荣，还能够为科技创新提供新的思路和方法。通过文化创新，人们可以探索新的科技领域和研究方向，推动科技的不断进步和发展。

第二章 中华传统文学的经典之作

第一节 《诗经》与诗歌艺术的魅力

一、《诗经》的编纂背景与意义

（一）编纂背景

《诗经》的编纂背景可追溯到西周至春秋时期，这是中国历史上一个重要的转型期。当时，周朝历经数百年的统治，其政治、经济、文化等各方面都发生了深刻的变化。特别是到了春秋时期，周朝中央政权逐渐衰落，诸侯国崛起，形成了多元分裂、争霸天下的局面。这种社会大变革，不仅给人们带来了深重的苦难，也激发了人们对道德伦理、社会治理等问题的深刻思考。

在这样的背景下，《诗经》应运而生。它汇集了自西周初年至春秋中叶约五百年的诗歌作品，这些诗歌大多出自民间，反映了当时人民的真实生活和情感。同时，也有一些诗歌出自贵族和士人之手，表达了他们对社会、政治、文化的看法和态度。这些诗歌经过采集、整理、编纂，最终形成了我们今天所见到的《诗经》。

《诗经》的编纂过程，既是对过去文化传统的继承和发扬，也是对当时社会现实的深刻反映。它通过对各种题材、各种风格的诗歌的收录和整理，展现了那个时代人们的思想观念、审美情趣和道德追求。同时，它也为我们今天提供了研究古代中国社会、文化、历史的重要资料。

（二）编纂意义

《诗经》的编纂具有深远的意义。首先，它是中国古代诗歌的瑰宝，奠定了中国诗歌在世界文化中的领先地位。通过《诗经》，我们可以看到古代中国人民对自然、社会、人生的深刻感悟和独特表达，这些诗歌不仅具有高度的艺术价值，也蕴含了丰富的思想内涵。

其次，《诗经》是了解古代中国社会、文化、历史的重要窗口。通过它，我们可以了解到古代人民的生活状态、思想观念、道德观念以及社会制度等方面的信息。这些信息对于我们今天研究古代中国社会、文化、历史具有重要的参考价值。

此外，《诗经》还具有教育意义。它通过对各种题材、各种风格诗歌的收录和整理，向读者展示了古代人民的智慧和才华，同时也传递了古代社会的道德观念和价值观念。这些诗歌不仅具有娱乐性，也具有教育性，能够激发人们的思考和感悟，提高人们的道德修养和文化素养。

最后，《诗经》还具有文化传承的意义。作为中国古代文化的重要组成部分，《诗经》的传承和发展对于中国古代文化的传承和发扬具有重要的意义。通过对《诗经》的研究和传承，我们可以更好地理解和欣赏古代中国的诗歌艺术和文化精髓，同时也能够促进中华文化的传承和发展。

《诗经》的编纂背景与意义是多方面的。它不仅是古代中国诗歌的瑰宝和了解古代中国社会、文化、历史的重要窗口，也具有教育意义和文化传承的意义。在今天，我们仍然需要深入研究和传承《诗经》这一宝贵的文化遗产。

（三）社会功用

《诗经》不仅是一部诗歌集，它在当时社会中还承载着多重实用功能。在春秋时期，它常被用作外交场合的工具，通过"赋诗言志"来表达各方的立场和意愿。这种"断章取义"的引用方式，使得《诗经》的每一句诗都可能成为政治交涉中的有力论据，展现了其高度的灵活性和实用性。

此外，《诗经》也广泛应用于教育和祭祀活动。作为学乐、诵诗的教本，它培养了无数的人才，传承了社会文化和道德规范。在祭祀仪式中，《诗经》的歌辞被用来表达对神灵的敬意和祈求，强化了社会的宗教信仰和道德秩序。

　　《诗经》的这种社会功用，不仅加强了其在当时社会中的地位，也使得其影响力远远超出了文学范畴，成了维护社会稳定、传承文化、促进交流的重要工具。

（四）《诗经》对后世的深远影响

　　《诗经》作为中国文学史上的第一部诗歌总集，对后世文学产生了深远的影响。其丰富的题材、多样的风格和深刻的思想内涵，为后世文人提供了源源不断的创作灵感。从汉乐府到唐诗宋词，我们都可以看到《诗经》的影子。

　　同时，《诗经》也是研究古代汉语、音韵学、训诂学等学科的重要资料。通过对《诗经》的研究，我们可以更深入地了解古代汉语的特点和演变规律，为汉语语言学的研究提供宝贵的依据。

　　此外，《诗经》所蕴含的道德观念、审美情趣和人生哲学也对后世产生了深远的影响。它强调了人与人之间的和谐、对自然的敬畏以及对道德的坚守等价值观，这些观念在今天依然具有重要的现实意义。

　　《诗经》的编纂不仅是对当时社会现实的反映和记录，更是对后世文化和道德建设的重要贡献。其深厚的文化底蕴和丰富的思想内涵，使得《诗经》成了中华民族文化宝库中的璀璨明珠。

二、《诗经》的诗歌类型与特点

（一）诗歌类型

　　《诗经》中的诗歌作品类型丰富多样，主要包括风、雅、颂三大部分。其中，"风"指的是各地不同的音乐风格，多采集自民间，反映了不同地区人民的生活习俗和情感表达，如《周南》《召南》等，以其朴实自然、情感真挚而著称。"雅"则多为贵族所作，内容多涉及政治、道德、祭祀等，体现了古代社会的上层文化和精神追求，如《小雅》中的《鹿鸣》《常棣》等，典雅庄重，富有哲理。"颂"则多为祭祀、歌功颂德之作，表现了古代人民对祖先、神灵的崇敬和赞美，如《周颂》《鲁颂》等，气势恢宏，庄严肃穆。

　　在诗歌体裁上，《诗经》也展现了多样化的特点。除了常见的四言诗外，还有五言、六言、七言等多种体裁，以及重章叠句、赋比兴等艺术手法。这些体裁和手法的运用，不仅丰富了诗歌的表现形式，也增强了诗歌的艺术感染力。

（二）艺术特色

《诗经》的艺术特色主要表现在以下几个方面。首先，其语言简练明快，韵律和谐优美，具有很强的音乐性和节奏感。这种独特的语言风格使得《诗经》中的诗歌易于诵读和传唱，也为其在民间广泛流传奠定了基础。其次，《诗经》善于运用赋比兴等艺术手法来描绘事物、表达情感。这些手法的运用不仅丰富了诗歌的表现手法，也增强了诗歌的形象性和感染力。此外，《诗经》还注重诗歌的意境营造和情感抒发，通过细腻的描绘和真挚的情感表达，营造了独特而深远的艺术境界。

（三）文化价值

《诗经》作为中国古代文化的重要载体，具有极高的文化价值。首先，它反映了古代社会的政治、经济、文化等各个方面的情况，为我们了解古代社会提供了重要的历史资料。其次，《诗经》中的诗歌作品具有深厚的思想内涵和人文精神，体现了古代人民对人生、自然、社会的深刻思考和感悟。这些思想内涵和人文精神不仅具有历史意义，也具有现实价值，对现代人的生活和思考具有重要的启示作用。此外，《诗经》还具有重要的文学价值，其丰富的题材、多样的体裁和独特的艺术风格对后世文学产生了深远的影响。通过研究和传承《诗经》，我们可以更好地理解和欣赏古代中国的诗歌艺术和文化精髓，同时也能够促进中华文化的传承和发展。

三、《诗经》的艺术成就与价值

（一）艺术成就的卓越性

《诗经》作为中国古代文学的重要源头，其艺术成就卓越非凡。首先，在诗歌形式上，《诗经》展现了高度的规范性和多样性。诗歌多以四言为主，句式整齐，结构严谨，体现了古人对诗歌形式的追求和尊重。同时，诗歌中也包含了五言、六言、七言等多种形式，展现了古人对诗歌形式的创新和探索。

其次，在表现手法上，《诗经》运用了赋、比、兴等多种艺术手法，使诗歌的表达更加生动、形象。赋体诗歌通过铺陈、叙述，将情感与景物、事物融为一体；比体诗歌通过比喻、象征，使抽象的情感具象化；兴体诗歌则通过起兴、联想，引发读者的共鸣和联想。这些手法的运用，不仅丰富了诗歌的表现力，也增强了诗歌的艺术感染力。

再者，《诗经》中的诗歌语言简练、质朴，却蕴含着深厚的情感和哲理。诗人们用简洁的语言，表达出了复杂的情感和思想，展现了古人高超的语言运用能力和艺术表现力。

（二）文化价值的深远性

《诗经》作为中国古代文化的重要载体，具有深远的文化价值。首先，它反映了古代社会的政治、经济、文化等各个方面的情况，为我们了解古代社会提供了重要的历史资料。通过《诗经》的研究，我们可以更深入地了解古代社会的政治制度、经济发展、文化传承等方面的情况，从而更全面地认识古代社会的历史和文化。

其次，《诗经》中的诗歌作品体现了古代人民对人生、自然、社会的深刻思考和感悟。这些思想内涵和人文精神不仅具有历史意义，也具有现实价值，对现代人的生活和思考具有重要的启示作用。通过《诗经》的研究，我们可以更深入地了解古代人民的思想观念、审美情趣和道德追求，从而更全面地认识人类文化的多样性和丰富性。

（三）文学价值的传承性

《诗经》作为中国古代文学的瑰宝，其文学价值具有传承性。首先，《诗经》的诗歌形式和表现手法对后世文学产生了深远的影响。后世的许多诗歌作品都借鉴了《诗经》的诗歌形式和表现手法，如唐诗、宋词等，都深受《诗经》的影响。

其次，《诗经》的情感表达和人文精神也为后世文学提供了重要的借鉴和启示。后世的许多文学作品都借鉴了《诗经》的情感表达和人文精神，如《红楼梦》《水浒传》等，都深受《诗经》的启发。这些作品通过借鉴和传承《诗经》的艺术成就和价值，丰富了中国文学的内涵和表现力，也促进了中国文学的发展和繁荣。

四、《诗经》在现代社会的意义与影响

（一）文化传承与弘扬

《诗经》作为中国古代文化的重要载体，在现代社会中依然承载着文化传承与弘扬的重要使命。首先，通过学习和研究《诗经》，我们可以更深入地了解古代中国的社会、历史、文化等方面的情况，从而更全面地认识中华民族的文化传统和文明历程。这对于我们传承和弘扬中华优秀传统文化、增强文化自信具有重要意义。

其次，《诗经》中的诗歌作品体现了古代人民对人生、自然、社会的深刻思考和感悟，这些思想内涵和人文精神对现代人的生活和思考具有重要的启示作用。通过学习和借鉴《诗经》中的智慧，我们可以更好地理解人生、感悟自然、认识社会，从而更好地应对现代社会的挑战和机遇。

此外，通过传播和推广《诗经》文化，我们还可以促进不同文化之间的交流与融合，增进不同民族之间的了解和友谊。这对于推动世界文化的多样性和繁荣、构建人类命运共同体具有重要意义。

（二）道德教育与修养

《诗经》中的诗歌作品蕴含着丰富的道德观念和人文精神，对于现代社会的道德教育和修养具有重要意义。首先，《诗经》中的诗歌作品强调了人与人之间的和谐、对自然的敬畏以及对道德的坚守等价值观，这些观念对于现代社会的道德建设具有重要的启示作用。通过学习和传承《诗经》中的道德观念，我们可以更好地规范自己的行为、提升自己的道德水平。

其次，《诗经》中的诗歌作品还通过细腻的描绘和真挚的情感表达，展现了古代人民对人生、自然、社会的深刻感悟和认识。这些感悟和认识对于现代人的心灵成长和修养具有重要的启示作用。通过学习和借鉴《诗经》中的智慧，我们可以更好地认识自己、理解他人、感悟生活，从而提升自己的精神境界和人生品质。

（三）文学创新与启示

《诗经》作为中国古代文学的瑰宝，对现代文学的创新和启示具有重要意义。首先，《诗经》中的诗歌形式和表现手法为现代文学提供了重要的借鉴和启示。现代作家可以从中汲取灵感、借鉴技巧，创作出具有独特风格和深刻内涵的文学作品。

其次，《诗经》中的情感表达和人文精神也为现代文学提供了重要的启示。现代作家可以从中学习如何更好地表达情感、塑造人物、营造意境等技巧，从而创作出更加生动、真实、感人的文学作品。

此外，《诗经》中的诗歌作品还展现了古代人民对自然、社会、人生的深刻思考和感悟，这些思考和感悟对于现代文学的主题探索和深度挖掘具有重要的启示作用。现代作家可以从中汲取灵感、拓展思路，创作出具有更高思想性和艺术性的文学作品。

（四）社会和谐与文明进步

《诗经》中所蕴含的文化精神和社会价值观对于现代社会的和谐与文明进步具有重要意义。首先，《诗经》中的诗歌作品强调了人与人之间的和谐、对自然的敬畏以及对道德的坚守等价值观，这些观念对于现代社会的和谐稳定具有积极的促进作用。通过学习和传承《诗经》中的文化精神，我们可以更好地理解和践行这些价值观，从而促进社会的和谐稳定和发展进步。

其次，《诗经》中的诗歌作品还体现了古代人民对自然、社会、人生的深刻思考和感悟，这些思考和感悟对于现代社会的文明进步具有重要的启示作用。通过学习和借鉴《诗经》中的智慧，我们可以更好地认识自然、理解社会、感悟人生，从而推动社会的文明进步和发展繁荣。

第二节 《史记》与历史文化的传承

一、《史记》的编纂背景与作者

（一）编纂背景

《史记》的编纂背景深远而复杂，它诞生于中国古代社会由分裂向统一转型的关键时期。这一时期的政治、经济、文化等多个方面都发生了巨大的变化，为《史记》的诞生提供了丰富的历史素材和编纂背景。

首先，从政治层面来看，秦始皇统一六国后，实行了一系列加强中央集权的措施，如推行郡县制、统一度量衡、书同文等。这些措施虽然加强了中央集权，但也导致了地方势力的削弱和文化传统的破坏。秦朝末年，天下大乱，各地诸侯纷纷起兵反抗秦朝的统治。刘邦最终建立了汉朝，但汉朝初期也面临着政治不稳定、经济凋敝等问题。在这样的背景下，司马迁深感历史的重要性和必要性，他希望通过编纂《史记》来记录历史、传承文化、警示后人。

其次，从经济层面来看，汉朝初期实行"休养生息"政策，减轻赋税徭役，鼓励农业生产。这些措施促进了经济的恢复和发展，为《史记》的编纂提供了物质基础。同时，随着商品经济的发展和城市的繁荣，文化交流和传播也更加频繁和便捷，这为《史记》的编纂提供了丰富的信息和资源。

再次，从文化层面来看，汉朝初期实行"罢黜百家、独尊儒术"的政策，儒家文化逐渐成为主流文化。儒家文化强调道德、伦理、礼仪等方面的教育和实践，这对司马迁的编纂思想和风格产生了深远的影响。同时，汉朝还积极吸收和借鉴其他文化成果，如道家、法家等思想流派也对《史记》的编纂产生了一定的影响。

最后，从个人层面来看，司马迁是一位具有卓越才华和深厚学识的史学家。他早年受学于孔安国、董仲舒等名儒，具有深厚的儒学功底。同时，他还广泛涉猎经史子集、百家之言，对历史事件和人物有着深刻的认识和理解。

他曾在朝中担任重要职务，如郎中、太史令等，积累了丰富的政治经验和历史知识。这些经历和学识都为《史记》的编纂提供了坚实的基础。

（二）作者司马迁

司马迁，字子长，西汉时期著名的史学家、文学家和思想家。他出生于一个世代为官的家庭，自幼受到良好的教育。他的父亲司马谈是一位博学多才的史学家，对司马迁的学术成长产生了深远的影响。司马迁早年受学于孔安国、董仲舒等名儒，具有深厚的儒学功底。同时，他还广泛涉猎经史子集、百家之言，对历史事件和人物有着深刻的认识和理解。

司马迁在朝中曾担任过郎中、太史令等职务，积累了丰富的政治经验和历史知识。他因替李陵辩护而遭受宫刑，但这一遭遇并未使他屈服于命运，反而更加坚定了他编纂《史记》的决心。他忍辱负重、发愤著书，历经十余年的努力，终于完成了这部不朽的史学巨著。

司马迁的编纂思想和风格深受儒家文化的影响。他强调道德、伦理、礼仪等方面的教育和实践，注重历史事件和人物的道德评价。同时，他也具有开放和包容的思想，积极吸收和借鉴其他文化成果。他的编纂风格严谨、客观、公正，注重史实的真实性和准确性。他的文笔优美、生动、形象，善于运用比喻、排比等修辞手法来增强文章的表现力和感染力。

司马迁是一位具有卓越才华和深厚学识的史学家。他的编纂背景和经历为《史记》的诞生提供了丰富的素材和条件。他的编纂思想和风格也深深影响了后世史学和文学的发展。

（三）司马迁的编纂动机

司马迁编纂《史记》的动机，除了深受其个人经历、家庭背景及时代环境的影响外，更主要的是他对于历史记载的责任感和使命感。他深知历史对于一个国家、一个民族的重要性，认为历史是前人的经验和教训，是后人行事的借鉴和参照。因此，他希望通过编纂《史记》，将过去的历史事件和人物真实、全面地记录下来，为后世提供一部真实可信、具有教育意义的史书。

此外，司马迁还希望通过《史记》来抒发自己的情感和抱负。他一生经历了许多坎坷和磨难，但始终保持着对历史的热爱和对正义的追求。他将自己的人生经历和情感体验融到《史记》的编纂中，通过历史人物和事件来寄托自己的情感和抱负。这种情感的融入，使得《史记》不仅是一部历史著作，更是一部充满人文关怀和人性思考的文学作品。

（四）司马迁的编纂方法

司马迁在编纂《史记》时，采用了多种方法和技巧，以确保史书的真实性和准确性。首先，他广泛搜集历史资料，包括官方的档案、典籍、传记以及民间的传说、歌谣等。他亲自到各地考察、访问，了解当地的历史文化和风土人情，以获取第一手的历史资料。这种广泛搜集和实地考察的方法，为《史记》的编纂提供了丰富的素材和依据。

其次，司马迁在编纂过程中注重史实的考证和辨析。他对于历史事件的叙述和人物的刻画，都力求真实、准确、客观。他对于史料的真伪和可信度进行严格的甄别和筛选，避免将虚假或不可靠的史料纳入史书之中。这种严谨的考证和辨析方法，使得《史记》成为一部真实可信、具有权威性的历史著作。

再次，司马迁在编纂《史记》时，注重史书的文学性和可读性。他运用生动的语言和形象的描绘，将历史事件和人物刻画得栩栩如生、跃然纸上。他善于运用比喻、排比等修辞手法来增强文章的表现力和感染力，使得《史记》不仅是一部历史著作，更是一部具有很高文学价值的文学作品。

司马迁在编纂《史记》时，还注重史书的创新性和独特性。他打破了传统的史书编纂模式，采用了纪传体的形式来编纂史书。他将历史事件和人物按照纪、传、表、志等不同类别进行分类和编排，使得史书结构更加清晰、内容更加丰富。这种创新性的编纂方法，使得《史记》成为中国历史上第一部纪传体通史，具有划时代的意义。

二、《史记》的编纂特点与风格

（一）独特的纪传体编纂方式

《史记》的编纂特点之一在于其独特的纪传体编纂方式。纪传体是以本纪、列传为中心来叙述史实的一种史书编纂体裁。在《史记》中，司马迁创造性地将纪传体应用于通史编纂，打破了以往编年体、国别体等史书编纂形式的局限。他通过本纪、列传、表、书等多种形式，将复杂的历史事件和人物关系梳理得清晰有序，为读者提供了一个全面而系统的历史视野。

在纪传体的编纂方式下，司马迁注重突出历史人物的主体地位，通过对历史人物生平事迹的叙述和评价，揭示了他们在历史进程中的作用和影响。同时，他也注意把握历史事件的发展脉络和演变趋势，通过对不同历史时期政治、经济、文化等方面的描写和分析，展示了历史的全貌和规律。这种编纂方式使得《史记》既具有纪传体史书的细腻和深入，又具有通史史书的宏大和全面。

（二）严谨的考证与辨析

《史记》的编纂特点之二在于其严谨的考证与辨析。司马迁在编纂《史记》时，对于史料的真伪和可信度进行了严格的甄别和筛选。他广泛搜集各种历史资料，包括官方的档案、典籍、传记以及民间的传说、歌谣等，并对这些史料进行了深入的分析和比较。他对于史料的来源、时间、地点、人物等方面都进行了细致的考证和辨析，以确保史书的真实性和准确性。

在考证与辨析的过程中，司马迁注重运用多种方法和技巧。他善于运用逻辑推理、对比分析等方法来鉴别史料的真伪和可信度；他也注重实地考察和访问，亲自到各地了解当地的历史文化和风土人情，以获取第一手的历史资料。这种严谨的考证与辨析方法，使得《史记》成为一部真实可信、具有权威性的历史著作。

（三）生动的叙述与描写

《史记》的编纂风格之一在于其生动的叙述与描写。司马迁在编纂《史记》时，注重运用生动的语言和形象的描绘来展现历史事件和人物。他善于运用比喻、排比等修辞手法来增强文章的表现力和感染力；他也善于运用细节描写和人物刻画来展现历史人物的个性和特点。这种生动的叙述与描写使得《史记》不仅是一部历史著作，更是一部具有很高文学价值的文学作品。

在叙述与描写的过程中，司马迁注重把握历史事件的情节和节奏。他善于运用悬念、转折等手法来增强文章的吸引力和可读性；他也善于运用对比、衬托等手法来突出历史人物的个性和特点。这种生动的叙述与描写使得《史记》成为一部引人入胜、令人陶醉的历史巨著。

（四）深邃的思想内涵

《史记》的编纂风格之二在于其深邃的思想内涵。司马迁在编纂《史记》时，不仅注重记录历史事件和人物，更注重挖掘历史事件背后的思想内涵和人文精神。他通过对历史事件和人物的叙述和评价，揭示了历史的本质和规律；他还通过对历史人物思想和行为的描写与分析，展现了他们的道德品质和人生智慧。

在思想内涵的挖掘上，司马迁注重运用儒家文化的思想精髓。他强调道德、伦理、礼仪等方面的教育和实践；他也注重强调君主的仁政和民本思想。同时，他也具有开放和包容的思想，积极吸收和借鉴其他文化成果。这种深邃的思想内涵使得《史记》不仅是一部历史著作，更是一部具有深刻思想内涵和人文精神的文学作品。

三、《史记》的历史价值与影响

（一）对历史的全面记录与真实反映

《史记》作为中国历史上第一部纪传体通史，其历史价值首先体现在对历史的全面记录与真实反映上。司马迁以"不虚美、不隐恶"的笔触，记录了从上古传说中的黄帝时期到汉武帝太初四年间长达三千多年的历史，涵盖了政治、经济、文化、军事等多个方面。这种全面而真实的记录，为我们今天了解和研究古代中国提供了宝贵的资料和依据。

《史记》的编纂方式，特别是纪传体的运用，使得历史事件和人物得到了更为详细和生动的展现。通过本纪、列传、表、书等不同形式的组合，司马迁将复杂的历史进程梳理得清晰有序，为我们提供了一个全面而系统的历史视野。同时，他在编纂过程中注重史实的考证和辨析，力求真实、准确地反映历史原貌，这使得《史记》成了一部具有高度权威性和可信度的历史著作。

（二）对史学发展的贡献与影响

《史记》的编纂不仅是对历史的全面记录与真实反映，更是对史学发展的巨大贡献。首先，它开创了纪传体通史的编纂方式，为后世史书的编纂提供了重要的借鉴和参考。其次，它建立了史学的独立地位，使得史学从经学中独立出来，成了一门独立的学科。此外，《史记》还建立了史传文学传统，为后世的小说、戏剧等文学形式提供了丰富的素材和灵感。

在史学发展的贡献上，《史记》的编纂方式和思想内涵对后世产生了深远的影响。它注重历史事件的内在联系和演变规律，强调历史人物的个性和特点，这些都对后世史书的编纂方式产生了重要的影响。同时，《史记》所展现的唯物主义历史观和人文关怀精神，也为后世史学的发展提供了重要的思想基础。

（三）对文学艺术的推动与启示

《史记》不仅是一部历史著作，更是一部具有很高文学价值的文学作品。它的编纂方式和文学风格对后世文学艺术的发展产生了重要的推动和启示作用。

首先，《史记》的纪传体编纂方式使得历史事件和人物得到了更为详细和生动的展现，这为后世小说、戏剧等文学形式提供了丰富的素材和灵感。例如，《史记》中的许多故事和人物都被后世文学家们所借鉴和改编，成为了他们创作的重要来源。

其次，《史记》的文学风格也对后世文学艺术的发展产生了重要的影响。司马迁在编纂《史记》时注重语言的生动性和形象的描绘性，这使得《史记》的文学性得到了充分的展现。这种文学风格对后世小说、散文等文学形式的发展产生了重要的推动作用。

（四）对后世文化的深远影响

《史记》的编纂和流传对后世文化产生了深远的影响。首先，它作为一部权威的历史著作，为后世提供了了解和认识古代中国的重要途径。通过《史记》的阅读和研究，我们可以更好地理解和把握古代中国的政治、经济、文化等方面的情况，从而为我们今天的研究和探讨提供重要的参考和借鉴。

其次，《史记》所展现的思想内涵和人文精神也对后世文化产生了深远的影响。它强调道德、伦理、礼仪等方面的教育和实践，强调君主的仁政和民本思想，这些都对后世文化的发展产生了重要的推动作用。同时，《史记》所塑造的一系列光辉的人物形象也为后世所追慕和景仰，成了后世文化中的重要符号和象征。

《史记》作为一部具有重要历史价值和深远影响的著作，在历史学、文学、文化等多个领域都产生了重要的贡献和影响。它的编纂方式和思想内涵不仅为我们今天提供了宝贵的资料和借鉴，更为我们今天的文化发展和创新提供了重要的启示和动力。

四、《史记》在现代社会的意义与影响

（一）对现代历史研究的价值

《史记》作为中国古代史学的巅峰之作，在现代社会仍然具有重要的历史研究价值。首先，它为现代学者提供了研究古代中国历史的宝贵资料。通过《史记》的记载，我们可以了解到古代中国的政治、经济、文化、军事等多个方面的情况，为研究古代中国历史提供了丰富的历史线索。其次，司马迁的编纂方式和史学思想对现代历史研究产生了深远的影响。他注重史实的考证和辨析，强调历史的真实性和客观性，这种严谨的史学态度对现代历史研究具有重要的启示作用。同时，《史记》的纪传体编纂方式也为现代历史研究提供了新的视角和方法，使得历史研究更加全面、深入。

在现代社会，随着科技的发展和信息的爆炸式增长，历史研究面临着新的挑战和机遇。《史记》作为一部具有深厚历史底蕴和学术价值的著作，可以为现代学者提供新的思路和启示，推动历史研究的不断发展和创新。

（二）对现代文化教育的启示

《史记》不仅是一部历史著作，更是一部具有深刻文化内涵和教育意义的文学作品。它对现代文化教育具有重要的启示作用。首先，《史记》所展现的道德、伦理、礼仪等方面的思想对现代文化教育具有重要的启示作用。它强调仁政、民本、诚信等价值观，这些价值观对现代社会仍然具有重要的指导意义。通过学习和传承《史记》中的道德观念，可以帮助现代人树立正确的价值观，提高道德素质。

其次，《史记》所塑造的一系列光辉的人物形象对现代文化教育具有重要的启示作用。这些人物不仅具有卓越的才能和品质，更有着坚定的信仰和追求。通过学习和了解这些人物的事迹和精神，可以激发现代人的爱国热情、奋斗精神和创新精神，推动社会的进步和发展。

（三）对现代文学艺术的影响

《史记》的文学价值和艺术成就对现代文学艺术产生了重要的影响。首先，它为现代文学提供了丰富的素材和灵感。许多现代作家和艺术家都受到《史记》的启发和影响，从中汲取养分，创作出具有独特风格和深刻内涵的作品。其次，《史记》的文学风格和表现手法对现代文学艺术产生了重要的影响。它注重语言的生动性和形象的描绘性，强调情感和意境的表达，这些都对现代文学艺术的发展产生了重要的推动作用。

在现代社会，随着文学艺术的多样化和多元化发展，《史记》的文学价值和艺术成就仍然具有重要的影响力和吸引力。它不仅可以为现代文学艺术提供新的思路和启示，更可以为现代文学艺术的发展注入新的活力和动力。

（四）对现代人的启示与影响

《史记》作为一部具有深厚历史底蕴和人文精神的著作，对现代人具有重要的启示和影响。首先，它告诉我们历史的重要性。通过学习和了解历史，我们可以更好地认识自己、认识社会、认识世界，从而为我们的人生和事业提供重要的指导和借鉴。其次，《史记》中的人物和事迹告诉我们什么是真正的英雄和楷模。他们具有坚定的信仰、卓越的才能和高尚的品质，是我们学习和追求的目标。通过学习和了解这些人物的事迹和精神，我们可以激发自己的爱国热情、奋斗精神和创新品质，为社会的进步和发展贡献自己的力量。最后，《史记》还告诉我们人生的真谛和意义。它强调诚信、忠诚、孝顺等价值观，这些价值观对现代人仍然具有重要的指导意义。通过学习和传承这些价值观，我们可以更好地理解人生的意义和价值，实现自己的人生理想。

第三节 《红楼梦》与古典小说的高峰

一、《红楼梦》的作者与成书背景

（一）作者曹雪芹的生平与创作动机

曹雪芹，清代著名小说家，名霑，字梦阮，号雪芹，又号芹溪、芹圃。曹雪芹的生平充满了传奇色彩，他出身于一个显赫的世家，其家族曾是清代内务府正白旗包衣世家，祖父曹寅更是康熙帝的宠臣，曾任江宁织造。然而，家族的荣耀并未能持续，随着雍正帝的即位和曹家的失势，曹雪芹的生活发生了巨大的转变。

曹雪芹的创作动机深受其个人经历的影响。家族的兴衰、人世的沧桑，以及他个人在穷困潦倒中的挣扎和思索，都成了他创作《红楼梦》的源泉。他将自己一生的孤愤、遭遇、穷愁、困顿，以及他对社会、对人生的深刻体验，都倾注在这部小说中，使得《红楼梦》成为一部具有深刻社会意义和人生哲理的巨著。

（二）成书背景的历史环境

《红楼梦》的成书背景正值清代乾隆年间，这是一个相对稳定但又充满矛盾的时期。一方面，乾隆皇帝在位期间，国家繁荣昌盛，经济、文化都得到了极大的发展；另一方面，社会的种种弊端也日益暴露，官场的腐败、政治的黑暗等问题层出不穷。

这样的历史环境为曹雪芹创作《红楼梦》提供了丰富的素材和背景。他通过对贾、史、王、薛四大家族的描绘，真实地再现了当时社会的各种矛盾和问题，使得《红楼梦》成了一部具有深刻历史内涵的作品。

（三）成书背景的文化土壤

清代是中国古代文化的集大成时期，各种文化流派和思想交汇融合，形成了丰富多彩的文化景观。《红楼梦》正是在这样的文化土壤中孕育而生的。

曹雪芹在创作过程中，广泛吸收了各种文化元素和文学传统。他借鉴了《诗经》《楚辞》等古典文学作品的表现手法和风格，同时也吸收了戏曲、曲艺等民间艺术的精华。这些文化元素和文学传统的融合，使得《红楼梦》在文学艺术上达到了极高的成就。

（四）成书过程的艰辛与成就

《红楼梦》的成书过程充满了艰辛和困难。曹雪芹在创作过程中，不仅面临着生活上的种种压力和挑战，还要面对来自社会和文学界的种种质疑和批评。然而，他凭借着坚定的信念和顽强的毅力，最终完成了这部伟大的作品。

《红楼梦》的成就不仅在于其文学艺术上的卓越表现，更在于其深刻的社会意义和人生哲理。它通过对大观园的爱情悲剧的描绘，揭示了封建社会的种种弊端，同时也表达了作者对追求光明的渴望和对理想社会的向往。这使得《红楼梦》成了一部具有世界性影响的文学巨著，被誉为中国古代小说的巅峰之作。

二、《红楼梦》的故事情节与人物塑造

（一）复杂交织的故事情节

《红楼梦》的故事情节纷繁复杂，却又紧密相连，构成了一个庞大的叙事网络。故事以贾、史、王、薛四大家族的兴衰为背景，通过大观园的爱情悲剧为主线，展现了封建社会的种种矛盾和人性的复杂。

在情节展开的过程中，作者曹雪芹巧妙地将家族兴衰、爱情悲剧、官场腐败、社会黑暗等多个主题交织在一起，使得整个故事既有宏大的历史背景，又有细腻的情感描写。同时，他还运用了"草蛇灰线，伏脉千里"的笔法，使得故事情节的发展既出人意料，又在情理之中。

在情节安排上，曹雪芹注重了情节的连贯性和层次感。他通过对人物命运的安排和情节的推进，使得整个故事既紧凑又富有张力。例如，贾宝玉和林黛玉的爱情悲剧，既是整个故事的核心，也是推动情节发展的重要力量。

（二）丰富多彩的人物形象

《红楼梦》的人物形象丰富多彩，各具特色。作者曹雪芹通过对人物性格、命运、行为等方面的细腻描写，使得每个人物都栩栩如生，跃然纸上。

在人物塑造上，曹雪芹注重了人物的复杂性和多面性。他通过对人物内心世界的深入挖掘，使得每个人物都具有了独特的个性和魅力。例如，贾宝玉是一个充满矛盾的人物，他既有着贵族子弟的优越感和放荡不羁的性格，又有着对封建礼教的反叛和对自由爱情的追求。

同时，曹雪芹还注重了人物之间的关系网。他通过对人物之间错综复杂的关系的描绘，使得整个故事更加真实生动。例如，贾宝玉与林黛玉、薛宝钗之间的爱情纠葛，不仅推动了情节的发展，也展现了人性的复杂和矛盾。

（三）深刻的社会寓意

《红楼梦》的故事情节和人物塑造都蕴含着深刻的社会寓意。通过对四大家族的兴衰和大观园的爱情悲剧的描绘，作者揭示了封建社会的种种弊端和人性的沦丧。

在故事情节中，作者通过对家族兴衰的描绘，展现了封建社会的腐败和黑暗。四大家族的衰败不仅是家族内部的矛盾激化所致，更是封建社会制度本身的必然结果。同时，作者还通过对官场腐败的揭露，批判了当时社会的种种不公和黑暗。

在人物塑造上，作者通过对人物性格和命运的描写，展现了人性的复杂和矛盾。例如，贾宝玉虽然出身贵族，却对封建礼教产生了强烈的反叛意识；林黛玉虽然才情出众，却命运多舛，最终走向了悲剧。这些人物形象的塑造都反映了作者对当时社会现实的深刻反思和批判。

（四）独特的艺术风格

《红楼梦》在故事情节和人物塑造上还具有独特的艺术风格。作者曹雪芹运用了丰富的想象力和高超的艺术技巧，使得整个作品既具有深厚的文化底蕴，又具有独特的艺术魅力。

在情节安排上，作者注重了情节的曲折性和悬念性。他通过对情节的巧妙安排和推进，使得整个故事充满了悬念和惊喜。同时，他还运用了象征、隐喻等手法，使得故事情节更加含蓄深刻。

在人物塑造上，作者注重了人物的心理描写和细节刻画。他通过对人物内心世界的深入挖掘和细腻描绘，使得每个人物都具有了独特的个性和魅力。同时，他还注重了人物形象的立体性和丰富性，使得每个人物都栩栩如生、跃然纸上。

三、《红楼梦》的艺术特色与成就

（一）独特的叙事结构与视角

《红楼梦》在艺术上最显著的特色之一是其独特的叙事结构与视角。作者曹雪芹采用了非线性的叙事方式，通过多线索交织、时空跳跃的手法，构建了一个复杂而有序的叙事结构。这种叙事结构不仅展示了家族的兴衰变迁，还深刻描绘了人物的内心世界和命运轨迹。

在叙事视角上，《红楼梦》采用了全知全能的视角与限知视角相结合的手法。全知全能的视角使得作者能够自由穿梭于不同的时空和人物之间，揭示出家族和社会的种种矛盾和问题。而限知视角则通过人物的眼睛和心灵，展现了他们的性格特点和心理变化，使得人物形象更加鲜活和立体。

这种独特的叙事结构与视角不仅丰富了小说的表现力，还使得读者能够更深入地理解小说所表达的主题和意义。

（二）丰富的象征与隐喻

《红楼梦》在艺术上另一个显著的特点是其丰富的象征与隐喻。作者曹雪芹通过大量的象征和隐喻手法，将小说中的物象、人物、情节等赋予了深刻的内涵和意义。

例如，小说中的"石头"不仅象征着贾宝玉的出身和命运，还隐喻着作者对人生和社会的深刻思考。而大观园中的"千红一窟""万艳同杯"等则象征着繁华背后的虚幻和无常。

此外，小说中的许多人物和情节也都有着丰富的象征意义。例如，王熙凤的泼辣和能干象征着封建社会的腐败和黑暗；贾宝玉的叛逆和追求则象征着对封建礼教的反叛和对自由爱情的追求。

这些象征与隐喻不仅使得小说具有了更丰富的内涵和层次，还使得读者能够更深入地理解小说所表达的主题和意义。

（三）精湛的语言艺术与文学风格

《红楼梦》在语言艺术和文学风格上也达到了极高的成就。作者曹雪芹运用精湛的语言技巧，创造了一种既典雅又通俗、既细腻又生动的文学风格。

在小说中，曹雪芹大量运用了诗词、歌赋、曲赋等文学形式，使得小说的语言更加丰富多彩。同时，他还善于运用口语、方言等语言形式，使得小说更加贴近生活和真实。

此外，曹雪芹还注重了语言的节奏和韵律感。他通过精心设计的句式和音韵搭配，使得小说的语言既优美又动听，给读者带来了极大的审美享受。

这种精湛的语言艺术和文学风格不仅使得《红楼梦》成为一部具有极高文学价值的作品，还为中国古代文学的发展树立了新的标杆。

（四）深刻的思想内涵与人文精神

《红楼梦》在思想内涵和人文精神方面也达到了极高的成就。作者曹雪芹通过小说中的故事情节和人物形象，深刻地揭示了封建社会的种种弊端和人性的复杂与矛盾。

在小说中，曹雪芹不仅批判了封建社会的腐败和黑暗，还表达了对自由、平等、爱情等价值观的追求和向往。他通过对贾宝玉等人物的塑造和描写，展现了他们对封建礼教的反叛和对自由爱情的追求，表达了作者对于人性的深刻理解和人文关怀。

此外，《红楼梦》还蕴含着丰富的人生哲理和道德观念。它告诉我们人生的无常和虚幻，告诉我们应该珍惜眼前的幸福和美好，同时也告诉我们应该坚守自己的信仰和追求。

这种深刻的思想内涵和人文精神不仅使得《红楼梦》成了一部具有极高思想价值的作品，也为我们现代人提供了宝贵的精神财富和启示。

四、《红楼梦》在现代社会的意义与影响

（一）文化传承与审美教育

《红楼梦》作为中国古代四大名著之一，其独特的艺术魅力和深刻的思想内涵，为现代社会提供了宝贵的文化资源和审美教育材料。

首先，《红楼梦》以其丰富的文化内涵和独特的艺术特色，成为传承和弘扬中华优秀传统文化的重要载体。通过对《红楼梦》的研读和学习，我们可以更深入地了解中国传统文化中的家族观念、道德伦理、审美观念等方面的内容，增强文化自信，促进文化的传承与发展。

其次，《红楼梦》以其精湛的语言艺术和独特的叙事方式，为现代审美教育提供了重要的范例。通过对《红楼梦》的阅读和鉴赏，我们可以提高审美能力和文学素养，培养对美的感知和欣赏能力，丰富精神生活，提升生活质量。

（二）人性探索与心理分析

《红楼梦》中的人物形象丰满而复杂，具有深刻的人性探索和心理分析价值。在现代社会，人们面临着各种心理问题和挑战，而《红楼梦》中的人物形象为我们提供了观察和思考人性的重要参考。

通过对《红楼梦》中的人物性格、行为、心理等方面的分析，我们可以更深入地了解人性的复杂性和多样性，认识到人性中的善恶、欲望、情感等方面的内容。这有助于我们更好地理解自己和他人，增强自我认知，促进心理健康。

同时，《红楼梦》中的人物形象还为我们提供了处理人际关系和应对社会压力的重要启示。通过学习和借鉴《红楼梦》中的人物形象，我们可以学会更好地与他人相处，优化人际关系，减轻社会压力，提高生活质量。

（三）社会批判与反思

《红楼梦》通过对封建社会的描绘和批判，为我们提供了反思现代社会的重要视角。在现代社会，虽然我们已经取得了巨大的进步和成就，但仍然

存在许多问题和挑战，如腐败、不公、道德沦丧等。

通过对《红楼梦》的研读和分析，我们可以更深入地了解封建社会的种种弊端和问题，认识到现代社会中仍然存在的类似问题。这有助于我们更加清醒地认识社会现实，增强社会责任感和使命感，积极参与社会改革和进步。

同时，《红楼梦》中的批判精神也为我们提供了重要的思想武器。它鼓励我们敢于质疑和反思社会现实，勇于挑战不公，推动社会的进步和发展。

（四）跨文化交流与传播

《红楼梦》作为一部具有世界性影响的文学巨著，其跨文化交流与传播具有重要意义。通过翻译和推广《红楼梦》，我们可以让更多的人了解和欣赏这部杰作，促进不同文化之间的交流和融合。

首先，《红楼梦》的翻译和推广有助于增强中华文化在国际上的影响力和竞争力。通过让更多的人了解和欣赏《红楼梦》，我们可以让更多的人了解和认识中国文化，促进中华文化的传播和发展。

其次，《红楼梦》的翻译和推广也有助于促进不同文化之间的交流和融合。通过翻译和推广《红楼梦》，我们可以让不同文化之间的交流和融合更加深入和广泛，增进相互理解和尊重，促进世界和平与发展。

《红楼梦》在现代社会仍然具有重要的意义和影响。它不仅是中华文化的瑰宝，也是人类文化的宝贵财富。我们应该继续深入研读和学习《红楼梦》，挖掘其深刻的思想内涵和艺术价值，为推动人类文化的繁荣和发展做出更大的贡献。

第四节 诗词歌赋与文人情怀

一、诗词歌赋的历史渊源与发展

（一）起源与早期发展

诗词歌赋，作为中国古代文学的重要组成部分，其历史渊源可追溯到远古时期。早在先秦时期，诗歌就已经成了人们表达情感、祭祀神灵和记录生活的重要方式。这一时期的诗歌作品，如《诗经》中的《国风》《小雅》等，不仅体现了古代人民的生活习俗和审美观念，也为后来的诗词歌赋发展奠定了基础。

随着时代的变迁，诗词歌赋逐渐发展成了一种独立的文学形式。在战国时期，楚辞以其独特的艺术风格和表现手法，成了中国古代文学史上的一朵奇葩。屈原的《离骚》等作品，以其深沉的情感、瑰丽的想象和独特的艺术魅力，为后世诗词歌赋的发展提供了重要的借鉴。

（二）汉唐时期的繁荣

汉唐时期是中国古代文学史上诗词歌赋最为繁荣的时期。在汉代，汉赋以其华丽的辞藻和宏大的叙事，成了当时文学的代表。司马相如、扬雄等人的作品，不仅展示了汉代社会的繁荣景象，也体现了作者们对于宇宙、自然和人生的深刻思考。

到了唐代，诗词歌赋的发展达到了一个高峰。唐诗以其独特的艺术风格和表现手法，成了中国古代文学史上的一座高峰。李白、杜甫、白居易等诗人的作品，不仅具有极高的文学价值，也深刻地反映了唐代社会的历史风貌和人文精神。此外，唐代还出现了许多优秀的词人和曲作家，他们的作品也为后世诗词歌赋的发展提供了重要的借鉴。

（三）宋代的继承与创新

宋代是中国古代文学史上诗词歌赋发展的另一个重要时期。在继承唐代诗词歌赋的基础上，宋代文人进行了许多创新性的尝试。他们不仅在诗歌创作上追求更高的艺术境界，也在词和曲的创作上进行了大胆的尝试和创新。

宋词以其独特的艺术风格和表现手法，成了宋代文学的代表。苏轼、辛弃疾、李清照等词人的作品，不仅具有极高的文学价值，也深刻地反映了宋代社会的历史风貌和人文精神。此外，宋代的曲作家也在曲的创作上进行了许多创新性的尝试，使得曲这一文学形式在宋代得到了进一步的发展和完善。

（四）明清时期的延续与转型

明清时期是中国古代文学史上诗词歌赋发展的延续与转型时期。在这一时期，诗词歌赋仍然保持着一定的繁荣态势，但同时也面临着许多新的挑战和变革。

明代的诗词歌赋在继承前代的基础上，更加注重个性和情感的表达。冯梦龙、吴承恩等人的作品，不仅具有极高的文学价值，也体现了明代社会的历史风貌和人文精神。同时，明代的曲作家也在曲的创作上进行了许多创新性的尝试，使得曲这一文学形式在明代得到了进一步的发展和完善。

到了清代，诗词歌赋的发展面临着更多的挑战和变革。一方面，清代文人继承了前代的优秀传统，创作出了许多优秀的诗词歌赋作品；另一方面，他们也在不断探索新的文学形式和表现手法，以适应社会的变化和需求。纳兰性德、曹雪芹等人的作品，不仅具有极高的文学价值，也体现了清代社会的历史风貌和人文精神。同时，他们也在诗词歌赋的创作中注入了新的元素和理念，为诗词歌赋的发展注入了新的活力和动力。

二、诗词歌赋的艺术特点与魅力

（一）韵律与节奏的和谐美

诗词歌赋作为中国传统文学的瑰宝，其最显著的艺术特点之一便是韵律与节奏的和谐美。这种美感源自于古代文人对于声韵、平仄、对仗等语言元素的精心运用。在诗词中，作者通过巧妙的押韵、平仄搭配和对仗修辞，使得诗句在诵读时呈现出一种独特的音乐性和节奏感，给人以听觉上的享受。

首先，押韵是诗词中最基本的韵律要求。通过选用相同或相近的韵脚，使得诗句在结尾处形成音韵上的呼应，增强了诗句的和谐美。同时，押韵也使得诗句更加易于记忆和传唱，便于在民间流传。

其次，平仄的搭配也是诗词中重要的韵律要素。平仄是指诗句中字音的声调变化，古代文人通过精心调配平仄，使得诗句在诵读时产生抑扬顿挫的节奏感。这种节奏感不仅增强了诗句的韵律美，也使得诗句更加生动、形象，易于引起读者的共鸣。

此外，对仗修辞的运用也是诗词中重要的艺术手法。通过对仗修辞，诗人可以将两个或多个意义相关或相反的词组、句子进行对应排列，使得诗句在形式上呈现出一种对称美。这种对称美不仅增强了诗句的视觉效果，也使得诗句更加严谨、精练，富有表现力。

（二）意境与情感的深远美

诗词歌赋的艺术魅力还体现在其意境与情感的深远上。古代文人通过诗词歌赋来表达自己的情感、思想和感悟，他们将自己的内心世界与大自然、社会、历史等外部世界相互交融，创造出一种独特的意境美。

在诗词中，作者常常运用比兴、象征、暗示等手法来营造意境。他们通过描绘自然景物、人物形象或叙述故事情节来寄托自己的情感、思想和感悟，使得读者在欣赏诗词的同时也能够感受到作者的情感世界。

同时，诗词中的情感表达也非常深刻和细腻。古代文人善于运用细腻的笔触来描绘人物内心世界的微妙变化，使得读者能够深入地感受到人物的喜怒哀乐和悲欢离合。这种情感的表达不仅增强了诗词的感染力，也使得诗词更加生动、真实，具有深刻的艺术魅力。

（三）语言的精练与丰富

诗词歌赋的艺术特点还体现在其语言的精炼与丰富上。古代文人在创作诗词歌赋时，非常注重语言的运用和锤炼，他们力求用最少的文字表达最深刻的思想和情感。

在诗词中，作者常常运用各种修辞手法来丰富语言的表达力。例如，他们通过运用比喻、拟人、夸张等手法来描绘事物或人物的形象特点；通过运用排比、对偶等手法来增强语言的节奏感和韵律美；通过运用反问、设问等手法来引导读者的思考和感悟。这些修辞手法的运用不仅使得诗词的语言更加精练、生动，也使得诗词的表达更加深刻、丰富。

（四）文化底蕴的深厚与博大

诗词歌赋的魅力还体现在其深厚的文化底蕴和博大的文化内涵上。作为中国传统文化的重要组成部分，诗词歌赋承载着丰富的历史、文化、哲学等方面的信息。

在诗词中，我们可以领略到古代社会的风土人情、历史变迁和人文精神；可以感受到古代文人的思想情感、审美观念和道德追求；可以品味到古代文化的独特韵味和博大精深。这些文化底蕴的深厚与博大不仅使得诗词歌赋具有独特的艺术魅力，也使得它成了中国传统文化宝库中的瑰宝。

三、诗词歌赋对后世文学的影响

（一）文学体裁的继承与发展

诗词歌赋作为中国古代文学的重要体裁，对后世文学的发展产生了深远的影响。首先，在体裁上，诗词歌赋为后世文学提供了丰富的借鉴和参考。唐诗、宋词、元曲等经典文学形式，都是在继承前人诗词歌赋的基础上发展而来的。这些文学形式不仅继承了诗词歌赋的韵律美、意境美等艺术特点，还在内容、形式、表现手法等方面进行了创新和发展，形成了各自独特的艺术风格。

其次，诗词歌赋对后世文学体裁的创新也产生了重要影响。在诗词歌赋的基础上，后世文人不断尝试新的文学体裁，如散文、小说、戏剧等。这些新体裁在创作过程中，都或多或少地受到了诗词歌赋的影响。例如，在散文创作中，作者常常借鉴诗词歌赋的抒情手法和意境营造；在小说和戏剧中，作者也常常运用诗词歌赋的韵律美和语言美来增强作品的艺术感染力。

（二）文学语言的丰富与锤炼

诗词歌赋对后世文学语言的丰富与锤炼也产生了重要影响。首先，诗词歌赋的语言具有极高的艺术价值，其精练、生动、形象的语言特点为后世文学提供了丰富的语言资源。后世文人在创作过程中，常常借鉴诗词歌赋的语言表达手法，如比喻、拟人、夸张等修辞手法，来丰富自己的语言表达。

其次，诗词歌赋的语言锤炼也对后世文学产生了重要影响。古代文人在创作诗词歌赋时，非常注重语言的锤炼和提炼，力求用最少的文字表达最深刻的思想和情感。这种锤炼和提炼的精神对后世文学产生了深远的影响，使得后世文人在创作过程中也注重语言的精练和准确，力求用简洁明了的语言表达深刻的思想和情感。

（三）文学意境的营造与传承

诗词歌赋对后世文学意境的营造与传承也产生了重要影响。首先，诗词歌赋以其独特的意境美为后世文学提供了重要的借鉴和参考。在诗词歌赋中，作者常常运用丰富的想象和独特的艺术手法来营造意境，使得作品呈现出一种独特的艺术魅力。这种意境的营造手法对后世文学产生了深远的影响，使得后世文人在创作过程中也注重意境的营造和传承。

其次，诗词歌赋的意境还体现了中国古代文人的审美观念和道德追求。在诗词歌赋中，作者常常将自己的情感、思想和感悟寄托在景物、人物等意象中，通过描绘这些意象来表达自己的内心世界。这种审美观念和道德追求对后世文学产生了深远的影响，使得后世文人在创作过程中也注重表达自己的情感和思想，追求道德的高尚和精神的独立。

（四）文学传统的弘扬与传承

诗词歌赋作为中国传统文化的重要组成部分，对后世文学传统的弘扬与传承也产生了重要影响。首先，诗词歌赋作为中国古代文学的经典之作，为后世文学提供了重要的文化资源和精神支撑。通过学习和研究诗词歌赋，后世文人可以深入了解中国传统文化和文学传统，从而更好地继承和弘扬这些优秀传统。

其次，诗词歌赋的创作精神也对后世文学产生了深远的影响。古代文人在创作诗词歌赋时，注重个性、情感、意境等方面的表达，追求艺术上的完美和精神上的自由。这种创作精神对后世文学产生了深远的影响，使得后世文人在创作过程中也注重表达自己的个性和情感，追求艺术上的创新和突破。同时，诗词歌赋的弘扬与传承也促进了中国文化的传播和世界文化的交流互鉴。

四、诗词歌赋在现代社会的意义与影响

（一）文化传承与民族精神的弘扬

在现代社会，诗词歌赋作为中国传统文化的重要组成部分，承载着丰富的历史信息和深厚的文化底蕴。它们不仅是古代文人墨客智慧的结晶，更是中华民族精神的体现。因此，诗词歌赋在现代社会具有重要的文化传承意义。

首先，诗词歌赋的传承有助于弘扬民族精神。通过学习和欣赏诗词歌赋，我们可以深入了解古代文人的思想情感、审美观念和道德追求，从而增强对中华文化的认同感和归属感。这种认同感和归属感是民族精神的重要体现，对于凝聚民族力量、推动社会进步具有重要意义。

其次，诗词歌赋的传承有助于弘扬传统文化。在现代社会，随着全球化的深入发展，外来文化不断涌入，中国传统文化面临着前所未有的挑战。通过传承诗词歌赋等传统文化遗产，我们可以增强文化自信，抵制外来文化的冲击，维护中华文化的独特性和多样性。

（二）审美教育与情感熏陶

诗词歌赋以其独特的艺术魅力和审美价值，在现代社会具有重要的审美教育和情感熏陶作用。

首先，诗词歌赋具有独特的审美价值。它们通过精练的语言、优美的韵律和深远的意境，展现了古代文人的审美情趣和艺术追求。学习和欣赏诗词歌赋，可以培养我们的审美能力和艺术鉴赏力，提高我们的审美水平。

其次，诗词歌赋具有情感熏陶作用。它们通过描绘自然景物、人物形象和叙述故事情节，寄托了古代文人的情感、思想和感悟。这些情感、思想和感悟具有普遍性和时代性，能够引起现代人的共鸣和感动。通过学习和欣赏诗词歌赋，我们可以感受到古代文人的情感世界和人生智慧，从而丰富我们的情感体验和精神世界。

（三）促进跨文化交流与理解

在全球化的背景下，诗词歌赋作为中华文化的瑰宝，对于促进跨文化交流与理解具有重要意义。

首先，诗词歌赋是中华文化的重要载体。它们通过独特的艺术形式和表现手法，展现了中华文化的独特魅力和深厚底蕴。通过学习和欣赏诗词歌赋，外国人可以更加深入地了解中华文化，增进对中华文化的理解和认同。

其次，诗词歌赋具有普遍性和时代性。虽然它们产生于古代社会，但其中所蕴含的情感、思想和智慧却具有普遍性和时代性。这些普遍性和时代性的元素使得诗词歌赋具有跨越时空的魅力，能够引起不同文化背景下人们的共鸣和感动。因此，通过学习和欣赏诗词歌赋，可以促进不同文化之间的交流与理解，增进不同民族之间的友谊和合作。

（四）个人修养与情感寄托

在现代社会，人们面临着各种压力和挑战，需要寻找一种途径来寄托情感、释放压力。诗词歌赋作为一种独特的文学形式，可以为现代人提供一种情感寄托和精神慰藉。

首先，诗词歌赋具有情感寄托作用。它们通过描绘自然景物、人物形象和叙述故事情节，寄托了古代文人的情感、思想和感悟。这些情感、思想和感悟具有普遍性和时代性，能够引起现代人的共鸣和感动。通过学习和欣赏诗词歌赋，我们可以将自己的情感融入其中，找到一种情感寄托和精神慰藉。

其次，诗词歌赋具有个人修养作用。它们通过精练的语言、优美的韵律和深远的意境，展现了古代文人的审美情趣和艺术追求。通过学习和欣赏诗词歌赋，我们可以提高自己的审美能力和艺术鉴赏力，培养自己的审美情趣和艺术品位。这种个人修养的提升不仅有助于我们更好地欣赏和创作文学作品，也有助于我们更好地面对生活中的各种挑战和困难。

第五节 传统文学在现代社会的价值与影响

一、传统文学的文化传承价值

（一）历史记忆的保存与传承

传统文学作为历史文化的载体，其首要的文化传承价值在于保存与传承历史记忆。文学作品通过文字的形式，将历史事件、人物形象、社会风貌等记录下来，为后人提供了了解过去、认识历史的窗口。这种历史记忆的保存与传承，不仅有助于我们理解自己的文化根源，还能帮助我们更好地认识自己的民族身份和文化传统。

首先，传统文学作品记录了历史事件的重要时刻和转折点，为我们提供了丰富的历史信息。通过阅读和研究这些作品，我们可以了解古代社会的政治、经济、文化等方面的状况，从而更加深入地理解历史发展的脉络和规律。

其次，传统文学作品通过塑造各种人物形象，展现了古代社会的风土人情和人文精神。这些人物形象不仅具有历史真实性，还蕴含着丰富的文化内涵和道德价值。通过欣赏这些作品，我们可以领略到古代人民的智慧和创造力，感受到他们的情感和信仰，从而增强对民族文化的认同感和自豪感。

（二）文化传统的弘扬与传承

传统文学作为文化传统的重要组成部分，其文化传承价值还在于弘扬与传承文化传统。文化传统是一个民族在长期历史发展过程中形成的独特文化基因和精神财富，它代表着民族的精神面貌和文化特色。传统文学通过传承和弘扬文化传统，为后人提供了宝贵的精神财富和文化资源。

首先，传统文学作品蕴含着丰富的文化元素和文化符号，如诗词歌赋中的意象、修辞、韵律等，都代表着民族文化的独特魅力。通过学习和欣赏这些作品，我们可以深入了解民族文化的内涵和特点，从而增强对民族文化的认同感和归属感。

其次，传统文学作品还蕴含着丰富的道德观念和人文精神，如仁爱、忠诚、勇敢、正义等。这些道德观念和人文精神是民族文化的核心和灵魂，它们通过文学作品的传承和弘扬，对后人的道德观念和行为准则产生了深远的影响。

（三）审美价值的提升与传承

传统文学作为一种艺术形式，其文化传承价值还在于提升与传承审美价值。文学作品通过其独特的艺术手法和表现形式，为读者提供了丰富的审美体验和精神享受。这种审美价值的提升与传承，不仅有助于我们提高审美能力和艺术鉴赏力，还能丰富我们的精神生活和文化生活。

首先，传统文学作品具有独特的艺术魅力和审美价值。它们通过精练的语言、优美的韵律和深远的意境，展现了古代文人的审美情趣和艺术追求。通过学习和欣赏这些作品，我们可以提高自己的审美能力和艺术鉴赏力，培养自己的审美情趣和艺术品位。

其次，传统文学作品还蕴含着丰富的文化内涵和人文精神。它们通过描绘自然景物、人物形象和叙述故事情节等方式，表达了作者对自然、社会、人生等方面的感悟和思考。这些感悟和思考具有普遍性和时代性，能够引起读者的共鸣和感动。通过学习和欣赏这些作品，我们可以丰富自己的情感体验和精神世界，提高自己的文化素养和人文修养。

（四）教育功能的发挥与传承

传统文学作为一种教育资源，其文化传承价值还在于发挥与传承教育功能。文学作品通过其生动的故事情节、鲜明的人物形象和深刻的思想内涵，为读者提供了丰富的教育素材和启示。这种教育功能的发挥与传承，对于培养读者的道德观念、行为习惯、心理素质等方面具有重要意义。

首先，传统文学作品蕴含着丰富的道德观念和人文精神。它们通过描绘各种人物形象和叙述故事情节，展现了作者对道德、人性、社会等方面的思考和探索。这些道德观念和人文精神对于培养读者的道德观念和行为习惯具有重要意义。

传统文学作品还具有心理素质教育的功能，它们通过生动的故事情节和鲜明的人物形象，引导读者认识自我、了解他人、理解社会等方面的问题。

这些教育素材和启示有助于培养读者的心理素质和适应能力，提高他们的生活质量和幸福感。

二、传统文学的教育意义

（一）道德观念的培养与塑造

传统文学作为人类文明的瑰宝，其教育意义首先体现在对道德观念的培养与塑造上。传统文学作品往往蕴含着丰富的道德观念和伦理思想，这些思想通过故事的形式传递，让读者在欣赏作品的同时，受到道德上的熏陶和启迪。

一方面，传统文学作品中的主人公往往具有高尚的道德品质和崇高的精神追求，他们的行为表现、言谈举止都体现了对真善美的追求和坚守。这些人物形象成为读者学习的榜样，激励着读者在日常生活中追求道德完善，塑造健全的人格。

另一方面，传统文学作品也通过对社会现象、人伦关系的描绘，揭示出道德观念和伦理思想的内涵。读者在欣赏作品的过程中，能够更加深入地理解道德规范，形成正确的道德观念，从而在日常生活中自觉遵守道德规范，维护社会秩序。

（二）历史文化的传承与理解

传统文学还具有传承历史文化、加深理解的功能。文学作品作为历史文化的载体，记录了各个时代的社会风貌、人民生活、思想观念等方面的信息。通过学习和阅读传统文学作品，读者可以了解不同历史时期的文化特点、社会风尚和人文精神，从而加深对历史文化的理解和认识。

同时，传统文学作品也反映了作者所处的时代背景和社会环境，揭示了当时社会的矛盾和问题。读者在欣赏作品的过程中，可以更加深入地了解历史背景和社会现实，从而增强历史责任感和使命感。

（三）文学素养的提升与培养

传统文学作为一种艺术形式，其教育意义还体现在对文学素养的提升与培养上。传统文学作品具有独特的艺术魅力和审美价值，通过阅读这些作品，读者可以感受到语言的魅力、结构的精巧和意境的深远。这些文学元素不仅有助于提高读者的文学鉴赏能力，还能激发读者的创作灵感，培养他们的文学素养。

同时，传统文学作品也蕴含着丰富的文化内涵和人文精神，通过阅读这些作品，读者可以深入了解民族文化的内涵和特点，增强对民族文化的认同感和自豪感。这种文化认同感和自豪感有助于培养读者的文化自信，促进文化的传承与创新。

（四）心理素质的锻炼与提升

传统文学还具有锻炼心理素质、提升心理品质的教育意义。传统文学作品中的主人公往往经历了各种挫折和磨难，但他们都能够坚守信念、克服困难，最终实现自我价值。这些故事情节能够激励读者在面对困难和挑战时保持积极乐观的心态，培养坚韧不拔的毅力和勇气。

同时，传统文学作品也通过对人物心理的描绘和剖析，揭示了人类情感的复杂性和多样性。读者在欣赏作品的过程中，可以更加深入地了解自己的内心世界，学会调控情绪、缓解压力，从而保持健康的心理状态。这种心理素质的锻炼与提升对于个人成长和发展具有重要意义。

三、传统文学在文学艺术领域的影响

（一）艺术手法的继承与创新

传统文学在文学艺术领域中的影响首先体现在艺术手法的继承与创新上。自古以来，传统文学经过数千年的沉淀与积累，形成了丰富的艺术手法和技巧。这些手法和技巧不仅为后世的文学创作提供了宝贵的经验，而且为文学艺术的创新与发展奠定了基础。

一方面，传统文学中的艺术手法如象征、隐喻、夸张、对比等，被后世作家广泛借鉴和运用。这些手法通过独特的表达方式，将作家的情感和思想融入作品中，使作品更具感染力和表现力。同时，传统文学中的叙事结构、人物形象塑造等技巧也为后世作家提供了重要的参考。

另一方面，传统文学在继承传统艺术手法的基础上，也推动了文学艺术的创新。历代作家在创作过程中，不断尝试新的表达方式、新的文学形式，使得文学艺术在继承中发展、在发展中创新。这种创新不仅丰富了文学艺术的内涵，也拓宽了文学艺术的边界。

（二）文学风格的塑造与传承

传统文学在文学艺术领域中的影响还体现在文学风格的塑造与传承上。传统文学经过长期的发展，形成了各具特色的文学风格。这些风格不仅体现了作家的个性特点和审美追求，也为后世文学创作提供了重要的借鉴。

一方面，传统文学中的文学风格如豪放、婉约、质朴、典雅等，被后世作家广泛借鉴和传承。这些风格通过独特的语言特点、情感表达方式和艺术效果，使得作品更具个性和魅力。同时，传统文学中的文学风格也为后世作家提供了创作的灵感和启示。

另一方面，传统文学在塑造和传承文学风格的同时，也推动了文学艺术的多元化发展。不同地域、不同民族的文学作品在交流中融合，形成了多种文学风格并存的局面。这种多元化的发展不仅丰富了文学艺术的内涵，也促进了不同文化之间的交流与理解。

（三）文学主题的拓展与深化

传统文学在文学艺术领域中的影响还体现在文学主题的拓展与深化上。传统文学作品往往关注人性、社会、自然等主题，通过独特的视角和深刻的思考，揭示了人类生活的本质和社会现象的本质。这些主题不仅为后世文学创作提供了重要的借鉴，也推动了文学艺术的深化发展。

一方面，传统文学中的文学主题如爱情、友情、亲情、家国情怀等，被后世作家广泛借鉴和拓展。这些主题通过不同的表达方式和创作手法，使得作品更具深度和广度。同时，传统文学中的文学主题也为后世作家提供了创作的灵感和思路。

另一方面，传统文学在拓展文学主题的同时，也推动了文学艺术的深化发展。作家们通过深入研究社会现象、探索人性本质等方式，将文学主题推向了更深的层次。这种深化发展不仅提高了文学作品的艺术价值，也丰富了文学艺术的表现手法。

（四）文学语言的丰富与规范

传统文学在文学艺术领域中的影响还体现在文学语言的丰富与规范上。传统文学作品经过长期的锤炼和打磨，形成了独特的文学语言和表达方式。这些语言和表达方式不仅为后世文学创作提供了重要的借鉴，也推动了文学语言的规范化和丰富化。

一方面，传统文学中的文学语言如诗词歌赋、散文小说等，具有独特的韵律、节奏和美感。这些语言特点被后世作家广泛借鉴和运用，使得文学作品更具音乐性和画面感。同时，传统文学中的文学语言也为后世作家提供了创作的灵感和启示。

另一方面，传统文学在丰富文学语言的同时，也推动了文学语言的规范化。作家们在创作过程中，注重语言的准确性和规范性，使得文学作品更具可读性和可理解性。这种规范化不仅提高了文学作品的质量，也促进了文学艺术的传承与发展。

四、传统文学在国际文化交流中的作用

（一）文化桥梁的构建与沟通

传统文学在国际文化交流中，首先发挥着构建与沟通文化桥梁的重要作用。由于语言、历史、地理等多种因素，不同国家和民族之间的文化差异常常成为交流的障碍。然而，传统文学作为一种跨越时空的艺术形式，具有独特的魅力和"普世价值"，能够在不同文化之间搭建起沟通的桥梁。

一方面，传统文学通过其独特的叙事方式、情感表达和审美观念，能够吸引不同文化背景的读者，激发他们对异国文化的兴趣和好奇心。通过阅读不同国家的传统文学作品，人们可以深入了解不同文化的思想、价值观和生活方式，从而增进对不同文化的理解和尊重。

另一方面，传统文学也促进了不同文化之间的交流与对话。在国际文化交流中，传统文学作品成为重要的交流媒介，不同国家的作家、学者和读者可以通过对文学作品的讨论和研究，共同探讨人类共同面临的问题和挑战，

推动不同文化之间的相互理解和合作。

（二）文化多样性的展示与传播

传统文学在国际文化交流中，还发挥着展示与传播文化多样性的重要作用。不同国家和民族的传统文学作品各具特色，体现了各自独特的文化魅力和价值。通过传统文学的传播和交流，人们可以更加深入地了解不同文化的独特性和多样性。

一方面，传统文学作品的翻译和出版是展示和传播文化多样性的重要途径。通过翻译和出版不同国家的传统文学作品，人们可以欣赏到不同文化的艺术魅力和思想深度，从而增进对不同文化的了解和认同。

另一方面，传统文学作品的展览和演出也是展示和传播文化多样性的重要形式。在国际文化交流活动中，通过举办传统文学作品的展览和演出，可以让更多人亲身感受到不同文化的魅力和特色，促进不同文化之间的交流和融合。

（三）文化认同的促进与强化

传统文学在国际文化交流中，还发挥着促进与强化文化认同的重要作用。文化认同是指个体或群体对于所属文化的归属感和认同感，是文化交流和融合的重要基础。传统文学作品作为文化的重要载体，通过其独特的艺术魅力和思想内涵，能够激发人们的文化自豪感和归属感，促进文化认同的形成和强化。

一方面，传统文学作品中的爱国主义情感和民族精神能够激发人们的民族自豪感和认同感。通过阅读本国的传统文学作品，人们可以更加深入地了解自己的文化传统和历史背景，从而增强对国家的归属感和忠诚度。

另一方面，传统文学作品中的普世价值观和人文精神也能够引起不同文化背景的读者的共鸣和认同。这些普世价值观和人文精神是不同文化之间的共同财富，能够增进不同文化之间的理解和尊重，促进不同文化之间的交流和融合。

（四）文化创新的推动与引领

传统文学在国际文化交流中，还发挥着推动与引领文化创新的重要作用。

文化创新是推动文化发展的重要动力，而传统文学作为文化的重要组成部分，其独特的艺术魅力和思想内涵为文化创新提供了重要的借鉴和启示。

一方面，传统文学作品中的艺术手法和创作技巧可以为现代文学创作提供重要的参考和借鉴。通过学习和研究传统文学作品的艺术手法和创作技巧，现代作家可以从中汲取灵感和启示，推动现代文学创作的创新和发展。

另一方面，传统文学作品中的思想内涵和人文精神也可以为现代文化创新提供重要的启示和借鉴。传统文学作品中所蕴含的思想内涵和人文精神是文化的精髓和灵魂，通过学习和研究这些思想内涵和人文精神，可以推动现代文化在传承中创新、在创新中发展。

五、传统文学在现代社会的创新发展

（一）融合现代元素的创新表达

传统文学在现代社会的创新发展，首先体现在融合现代元素的创新表达上。随着社会的不断进步和科技的飞速发展，人们的审美观念、生活方式以及文化需求都发生了深刻的变化。为了吸引现代读者的关注，传统文学在保持其经典魅力的同时，积极融入现代元素，以新颖、独特的表达方式展现其艺术魅力。

一方面，现代作家在创作过程中，运用现代文学理论、叙事技巧和表达方式，对传统文学作品进行再创作和改编，使其更加符合现代读者的阅读习惯和审美需求。例如，通过运用现代文学中的意识流、魔幻现实主义等手法，对传统故事进行重新诠释，赋予其新的内涵和意义。

另一方面，传统文学与现代科技相结合，通过数字化、网络化等手段，拓展其传播渠道和影响力。例如，将传统文学作品进行数字化处理，制作成电子书、有声书等形式，方便读者随时随地阅读；同时，通过社交媒体、网络论坛等平台，加强读者与作家之间的互动和交流，推动传统文学的传播和发展。

（二）跨领域融合的创新实践

传统文学在现代社会的创新发展，还体现在跨领域融合的创新实践上。

随着文化产业的不断发展和文化消费的日益多元化，传统文学开始与其他艺术形式、文化产业进行深度融合，创造出更多元化、更高质量的文化产品。

一方面，传统文学与影视、动漫、游戏等艺术形式相结合，形成了一种全新的文化形态。通过影视改编、动漫制作、游戏开发等方式，将传统文学作品中的经典故事、人物形象等元素进行再创作和呈现，使其更加生动、形象地展现在观众面前。这种跨领域的融合不仅丰富了文化产品的表现形式，也提高了传统文学的知名度和影响力。

另一方面，传统文学与文化产业相结合，推动了文化产业的发展和创新。例如，通过举办文学节、诗歌朗诵会等活动，将文学艺术与旅游、餐饮等产业相结合，打造具有地方特色的文化品牌；同时，通过开发文创产品、推广文学旅游等方式，将传统文学元素融入现代生活，提高人们的文化素养和生活品质。

（三）深入挖掘传统文学内涵的创新研究

传统文学在现代社会的创新发展，还需要深入挖掘传统文学内涵的创新研究。传统文学作品蕴含着丰富的思想、文化、历史等方面的价值，这些价值不仅具有历史意义，也对现代社会的发展具有重要意义。因此，对传统文学进行深入研究、挖掘其内涵和价值，是推动传统文学创新发展的重要途径。

一方面，学者和研究者可以通过对传统文学作品的深入解读和分析，揭示其背后的思想、文化、历史等方面的内涵和价值。这种研究不仅有助于我们更好地理解传统文学作品的深层意义，也为我们提供了对现代社会问题的新思考和新启示。

另一方面，学者和研究者还可以通过跨学科的研究方法，将传统文学与其他学科相结合，进行综合性的研究。例如，将传统文学与心理学、社会学、人类学等学科相结合，从多个角度探讨传统文学的内涵和价值；同时，通过运用现代科技手段和方法，对传统文学作品进行数字化处理和分析，提高研究的科学性和准确性。

（四）培育新一代文学爱好者的创新途径

传统文学在现代社会的创新发展，还需要培育新一代文学爱好者的创新途径。随着社会的不断发展，新一代文学爱好者的审美观念、阅读习惯和文化需求也在不断变化。因此，我们需要通过创新的方式和途径，吸引新一代文学爱好者的关注和参与，推动传统文学的传承和发展。

一方面，我们可以通过举办文学讲座、读书会等活动，邀请知名作家、学者与读者进行互动和交流，提高读者对传统文学的兴趣和认识。同时，通过举办文学比赛、征文活动等方式，鼓励新一代文学爱好者积极参与文学创作和分享，提高他们的文学素养和创作能力。

另一方面，我们还可以通过利用现代科技手段，如互联网、社交媒体等，拓展传统文学的传播渠道和影响力。例如，建立在线文学平台、推出文学类等，为新一代文学爱好者提供更加便捷、丰富的文学阅读和学习资源。同时，通过在线互动、社交分享等方式，加强读者之间的交流和互动，推动传统文学在年轻群体中的传播和发展。

六、传统文学在现代社会的普及与传承

（一）教育体系的整合与推动

传统文学在现代社会的普及与传承，首先需要教育体系的整合与推动。教育体系作为培养新一代文化传承者的摇篮，应当在课程设置、教材编写、教学方法等方面加强对传统文学的重视和推广。

在课程设置上，各级教育机构应当增设与传统文学相关的课程，如古代文学、诗词鉴赏等，使学生从小就接触到传统文学的魅力。同时，教材编写应当注重选择具有代表性、教育意义的传统文学作品，通过精心编排和解读，使学生能够更好地理解和欣赏这些作品。

在教学方法上，教育者应当注重培养学生的文学素养和阅读兴趣，采用启发式、讨论式等多样化的教学方法，引导学生深入探究传统文学的内涵和价值。同时，教育者还可以利用现代科技手段，如多媒体教学、在线课程等，为学生提供更加丰富、生动的学习体验。

（二）文化活动的组织与推广

除了教育体系的整合与推动外，文化活动的组织与推广也是传统文学普及与传承的重要途径。通过举办各种形式的文学活动，如文学讲座、读书会、朗诵比赛等，可以吸引更多人的关注和参与，提高传统文学的知名度和影响力。

在组织文化活动时，我们应当注重活动的多样性和趣味性，以满足不同人群的需求和兴趣。例如，可以举办面向青少年的文学夏令营、诗歌朗诵会等活动，培养他们的文学兴趣和创作能力；同时，也可以举办面向成年人的文学沙龙、作家见面会等活动，为他们提供一个交流和学习的平台。

此外，我们还可以利用现代科技手段，如互联网、社交媒体等，推广传统文学相关的文化活动。通过在线直播、视频分享等方式，让更多人能够参与到文化活动中来，感受传统文学的魅力。

（三）媒体宣传的引导与普及

媒体作为信息传播的重要渠道，在传统文学的普及与传承中发挥着不可替代的作用。通过媒体宣传的引导与普及，可以让更多人了解传统文学的价值和意义，提高他们的阅读兴趣和文化素养。

在媒体宣传上，我们应当注重内容的准确性和丰富性，选择具有代表性的传统文学作品进行介绍和解读。同时，我们还应当注重形式的多样性和创新性，通过制作精美的文学节目、推出有趣的文学专栏等方式，吸引更多人的关注和参与。

此外，我们还可以利用新媒体的优势，如社交媒体、短视频等，制作和传播与传统文学相关的内容。通过生动有趣的视频、音频等形式，让更多人能够直观地感受到传统文学的魅力，提高他们对传统文学的兴趣和关注度。

（四）社会力量的参与与支持

传统文学的普及与传承需要社会各界的参与和支持。政府、企业、社会组织等都可以发挥各自的优势和作用，共同推动传统文学的普及与传承工作。

政府可以通过制定相关政策、提供资金支持等方式，鼓励和支持传统文学的普及与传承工作。例如，可以设立文学基金、举办文学节等活动，为传统文学的推广提供资金和资源保障。

企业可以通过赞助文化活动、开发文创产品等方式，支持传统文学的普及与传承工作。例如，可以赞助文学比赛、出版传统文学作品等，为传统文学的推广提供物质和精神支持。

社会组织可以通过组织志愿者活动、开展公益讲座等方式，为传统文学的普及与传承贡献自己的力量。通过这些活动，可以吸引更多人的关注和参与，推动传统文学在现代社会的普及与传承。

第三章　中华传统艺术的瑰宝

第一节　书法艺术的独特魅力

一、书法的起源与发展

（一）书法的起源：商周时期

书法的起源，深深植根于中华民族悠久的历史与文化之中。书法，作为汉字的书写艺术，其诞生与汉字的起源紧密相连。在距今五六千年前的新石器时代晚期，中国黄河流域的仰韶文化遗址中，已经出现了类似文字的简单刻画符号，这些符号虽未形成完整的文字体系，但已初步具备了书写艺术的雏形。

随着社会的进步和文化的发展，汉字逐渐从图画文字演变成为表意文字，书写方式也日趋成熟。在商周时期，甲骨文和金文的出现，标志着书法艺术的正式形成。这些古老的文字，不仅是商周时期人们记录生活、交流思想的工具，更是书法艺术的重要载体。它们以独特的线条和构图，展现了古人对美的追求和创造。

（二）书法的发展：秦代至汉代

秦代统一六国后，推行"书同文"政策，规定以小篆为官方文字。小篆的出现，标志着书法艺术进入了一个新的发展阶段。小篆字形规范、线条流畅、结构严谨，为后来的隶书、楷书等书体的形成奠定了基础。

汉代是中国书法史上一个重要的时期。在汉代，书法艺术得到了进一步的发展和完善。隶书作为一种新的书体，逐渐取代了小篆的地位。隶书的字形扁平、笔画简洁明快，更易于书写。同时，汉代还出现了草书和楷书这两种新的书体。草书以其独特的书写方式和艺术效果，成为书法艺术中的一朵奇葩；而楷书则以其规范、工整的书写风格，成为后世书法学习的重要范本。

（三）书法的发展：魏晋至南北朝

魏晋南北朝时期，是中国书法史上一个承上启下的重要阶段。在这个时期，书法艺术得到了进一步的繁荣和发展。隶书在魏晋时期继续发展完善，并孕育出了楷书这一新的书体。楷书字形规范、笔画清晰、结构严谨，成为后世书法学习的重要基础。同时，草书和行书也在这一时期得到了进一步的发展和完善。草书的书写方式更加自由奔放、富有变化；而行书则以其流畅自然、兼具实用性和艺术性的特点，成为书法艺术中的一朵奇葩。

此外，魏晋南北朝时期的书法家们还开始注重书法的艺术性和审美价值。他们通过不断的探索和实践，形成了各具特色的书法风格和流派。这些风格和流派的出现，不仅丰富了中国书法艺术的内涵和外延，也为后世的书法艺术发展提供了重要的借鉴和启示。

（四）书法的发展：唐代至今

唐代是中国书法史上的鼎盛时期。在这个时期，书法艺术得到了空前的繁荣和发展。楷书、草书、行书等各种书体都得到了进一步的完善和创新。同时，唐代还出现了一大批杰出的书法家和书法作品。他们的作品不仅技艺精湛、风格独特，而且具有深厚的文化内涵和时代精神。这些作品不仅在当时产生了深远的影响，而且对后世的书法艺术发展也产生了重要的影响。

自唐代以来，中国的书法艺术一直在不断发展和创新。在宋、元、明、清等历史时期，书法艺术都得到了进一步的发展和完善。特别是明清时期，书法艺术在继承传统的基础上，更加注重个性化和创新性的表达，同时，随着社会的不断进步和科技的发展，书法艺术也逐渐与现代社会相结合，形成了具有时代特色的新的书法艺术形式。

书法的起源与发展是一个漫长而复杂的过程。在这个过程中，书法艺术不断地吸收和融合各种文化元素和艺术形式，形成了独具特色的艺术风格和流派。同时，书法艺术也一直在不断地创新和发展，为中华民族的文化传承和发展作出了重要的贡献。

二、书法的艺术特点与流派

（一）书法的艺术特点

书法作为中国传统文化的瑰宝，其艺术特点独特而鲜明。首先，书法注重线条的流畅与变化。在书法中，线条是构成文字的基本元素，线条的粗细、长短、曲直、刚柔等变化，都能表达出书写者的情感、性格和审美追求。书法线条的流畅与变化，使得书法作品具有了强烈的动感和生命力。

其次，书法讲究字形的结构与布局。在书法中，每一个字都是一个独立的艺术形象，字形的结构与布局是书法艺术的重要组成部分。书法家通过巧妙的构思和精心的布局，使得每一个字都显得匀称、和谐、美观。同时，书法家还注重字与字之间的呼应、对比和衔接，使得整幅作品具有统一的风格和协调的韵律。

再次，书法追求墨色的浓淡与干湿。在书法中，墨色的浓淡与干湿是表达书写者情感的重要手段。书法家通过控制墨色的浓淡与干湿，使得书法作品具有了丰富的层次感和立体感。同时，墨色的浓淡与干湿还能表达出书写者的情感和心境，使得书法作品具有了更加深刻的内涵和意境。

最后，书法强调书写者的个性与情感。在书法中，书写者的个性与情感是贯穿始终的。书法家通过书写表达自己的情感、性格和审美追求，使得书法作品具有了独特的艺术魅力和个性色彩。同时，书法也强调书写者的修养和品德，认为书法不仅是艺术的表现，更是人格的体现。

（二）书法的流派

书法艺术的流派众多，各具特色。首先，楷书流派是书法艺术中最为基础、最为重要的流派之一。楷书字形规范、结构严谨、笔画清晰，注重字形的结构和布局。楷书流派中的代表性书法家有王羲之、颜真卿等，他们的作品被誉为"书圣"之作，对后世书法艺术的发展产生了深远的影响。

其次，草书流派注重书写的速度和自由性，追求书写者的个性和情感表达。草书流派中的代表性书法家有张旭、怀素等，他们的作品以奔放、流畅、自由为特点，具有极高的艺术价值。

再次，行书流派是介于楷书和草书之间的一种书体，既注重字形的规范和结构的严谨，又追求书写的速度和自由性。行书流派中的代表性书法家有米芾、苏轼等，他们的作品既有楷书的严谨和规范，又有草书的自由和流畅。

最后，隶书流派是书法艺术中历史最为悠久、影响最为深远的流派之一。隶书字形扁平、笔画简洁明快，具有独特的艺术风格和魅力。隶书流派中的代表性书法家有蔡邕、钟繇等，他们的作品被誉为"隶中极品"，对后世书法艺术的发展产生了深远的影响。

各流派之间既有区别又有联系，它们共同构成了中国书法艺术的丰富多彩和博大精深。同时，各流派之间的互相借鉴和融合，也推动了书法艺术的不断创新和发展。

（三）书法的技法与传承

书法的技法是书法艺术的核心，它涵盖了笔法、墨法、章法等多个方面。笔法，即运笔的方法，包括起笔、行笔、收笔等技巧，是书法创作的基础。墨法，即运用墨色的技巧，包括浓淡、干湿、润燥等变化，是表现书法作品神韵的重要手段。章法，则是对书法作品整体布局的安排和构思，体现了书法家的艺术修养和审美追求。

书法的技法传承，主要通过师徒传授、书法教育、书法研究等途径进行。师徒传授是书法技法传承的主要方式，书法家通过亲身示范、指导练习等方式，将自己的技法传授给弟子，使得书法艺术得以延续和发展。同时，书法教育和书法研究也为书法的技法传承提供了重要的支撑，它们通过系统的课程设置、深入的研究探讨，为书法艺术的传承和发展提供了有力的保障。

在书法的技法传承中，书法家们不仅注重技法的传授，更注重对弟子品德修养和审美情趣的培养。他们认为，书法艺术不仅是一种技术性的表现，更是一种文化和精神的传承。因此，在传授技法的同时，书法家们还注重培养弟子的文化素养和审美情趣，使得他们能够更好地理解书法艺术的精神内涵，并在实践中不断探索和创新。

（四）书法与现代社会的融合

随着现代社会的不断发展，书法艺术也在不断地与现代社会相融合。在现代社会中，书法艺术不仅作为一种传统的艺术形式存在，更成了一种具有现代意义的文化现象。

首先，书法艺术在现代社会中得到了广泛的普及和推广。随着人们文化水平的提高和审美需求的增加，越来越多的人开始关注和喜爱书法艺术。各种书法展览、书法比赛、书法教育等活动层出不穷，为书法艺术的普及和推广提供了广阔的舞台。

其次，书法艺术在现代社会中得到了创新和发展。在继承传统的基础上，书法家们不断探索和创新，将书法艺术与现代审美观念、现代科技手段相结合，创作出了具有现代感的书法作品。这些作品不仅具有传统书法的韵味和神采，更融入了现代元素和时代精神，使得书法艺术在现代社会中焕发出新的生机和活力。

最后，书法艺术在现代社会中还承担着传承和弘扬中华文化的重要使命。书法作为中国传统文化的重要组成部分，蕴含着深厚的文化底蕴和历史积淀。通过学习和传承书法艺术，我们可以更好地了解和认识中华文化的博大精深和独特魅力，从而增强文化自信和文化自觉。同时，书法艺术还可以作为一种文化交流的桥梁和纽带，促进不同文化之间的交流和融合，为推动人类文明的进步和发展作出贡献。

三、书法名家与经典作品

（一）书法名家的历史地位与影响

中国书法历史悠久，名家辈出。这些书法名家不仅以其独特的艺术风格和高超的书法技艺，赢得了后世的广泛赞誉，更在中国书法史上留下了浓墨重彩的一笔。他们的作品不仅代表了当时书法艺术的最高成就，也对后世书法艺术的发展产生了深远的影响。

历史上著名的书法名家众多，如王羲之、颜真卿、柳公权、张旭、怀素等。王羲之被誉为"书圣"，他的书法作品《兰亭序》被誉为"天下第一行书"，其书法技艺和艺术风格对后世产生了深远的影响。颜真卿则是唐代书法的重要代表人物，他的楷书作品端庄大气、刚健有力，对后世楷书的发展产生了深远的影响。

这些书法名家的历史地位不仅在于他们的艺术成就，更在于他们对书法艺术传承和发展的贡献。他们通过不断的探索和实践，形成了各具特色的书法风格和流派，为后世书法艺术的发展提供了重要的借鉴和启示。同时，他们的书法作品也成了后人学习和研究的宝贵财富。

（二）经典作品的艺术特色与风格

经典作品是书法艺术的重要组成部分，它们以其独特的艺术特色和风格，赢得了后世的广泛赞誉。这些经典作品不仅具有极高的艺术价值，也蕴含着丰富的文化内涵和历史信息。

王羲之的《兰亭序》就是一部经典之作。这部作品以其清新自然、流畅婉转的书法风格，展现了王羲之独特的艺术魅力。同时，《兰亭序》还融入了丰富的文化内涵和人生哲理，使得作品具有了更加深刻的内涵和意境。

除了《兰亭序》之外，还有许多其他经典作品也各具特色。如颜真卿的《多宝塔碑》以其端庄大气、刚健有力的书法风格著称；柳公权的《玄秘塔碑》则以其清秀挺拔、遒劲有力的书法风格赢得了后世的广泛赞誉。这些经典作品不仅具有独特的艺术特色和风格，也代表了当时书法艺术的最高成就。

（三）书法名家与经典作品的相互影响

书法名家与经典作品之间存在着相互影响的关系。一方面，书法名家的艺术风格和创作理念会直接影响到他们的作品风格和特色；另一方面，经典作品的艺术特色和风格也会对书法名家的创作产生影响和启示。

以王羲之为例，他的书法风格独特、技艺高超，对后世书法艺术的发展产生了深远的影响。同时，他的作品《兰亭序》也成了后世学习和研究的宝贵财富。在学习和研究《兰亭序》的过程中，后世的书法家们不仅可以领略到王羲之独特的艺术魅力，也可以从中汲取灵感和启示，进而形成自己的艺术风格和特色。

同样，经典作品也会对书法名家的创作产生影响和启示。书法家们在创作过程中，会不断地学习和借鉴经典作品的艺术特色和风格，从中汲取营养和灵感，进而创作出具有自己独特风格和特色的作品。

（四）书法名家与经典作品在现代社会的价值

在现代社会中，书法名家与经典作品依然具有重要的价值。首先，它们是中华传统文化的重要组成部分，蕴含着丰富的文化内涵和历史信息，对于传承和弘扬中华文化具有重要意义。其次，书法名家与经典作品的艺术特色和风格对于现代书法艺术的发展依然具有借鉴和启示作用。现代书法家们可以从这些经典作品中汲取灵感和营养，进而创作出具有自己独特风格和特色的作品。最后，书法名家与经典作品也是现代社会中人们精神文化生活的重要组成部分，它们以其独特的艺术魅力和文化内涵，为人们带来了美的享受和精神上的慰藉。

四、书法在现代社会的价值与影响

（一）书法作为传统文化的传承与弘扬

在现代社会，书法作为中华传统文化的重要组成部分，其传承与弘扬显得尤为重要。书法不仅是文字的艺术表达，更是中华民族五千年文明的结晶，承载着丰富的历史、文化和哲学内涵。

首先，书法的学习与实践能够让人们更加深入地了解中华传统文化的精髓，感受到其中蕴含的深厚底蕴。通过研习书法，人们可以接触到诸如《论语》《道德经》等经典文献，从而更好地理解中华传统文化的思想内涵和价值观念。

其次，书法的传承与弘扬有助于提升国民的文化素养和审美水平。在现代社会，随着科技的发展和人们生活节奏的加快，人们越来越需要一种能够陶冶情操、提升精神的文化艺术形式。书法作为一种独特的文化艺术形式，其独特的艺术魅力和文化内涵能够吸引人们的关注和喜爱，从而提升国民的文化素养和审美水平。

最后，书法的传承与弘扬有助于推动中华文化走向世界。在全球化的背景下，中华文化需要更加积极地走向世界，与不同文化进行交流和对话。书法作为中华文化的瑰宝之一，其独特的艺术魅力和文化内涵能够吸引世界各国的关注和喜爱，进而推动中华文化走向世界。

（二）书法在教育领域的作用与意义

在现代教育体系中，书法教育发挥着越来越重要的作用。书法教育不仅能够培养学生的艺术素养和审美能力，还能够促进学生的身心健康和全面发展。

首先，书法教育能够培养学生的艺术素养和审美能力。通过书法学习，学生可以接触到不同的书法流派和风格，了解各种书法作品的艺术特色和风格特点，从而培养自己的艺术鉴赏能力和审美水平。

其次，书法教育能够促进学生的身心健康。在书法学习过程中，学生需要保持身心的放松和专注，这种状态有助于缓解学生的压力和焦虑情绪，促进学生的身心健康。同时，书法练习还能够锻炼学生的意志力和耐心，培养学生的自律和自我管理能力。

最后，书法教育还能够促进学生的全面发展。在书法学习过程中，学生需要不断地思考和探索，这种过程能够激发学生的创造力和想象力。同时，书法学习还能够提高学生的语言表达能力和写作能力，为学生的全面发展打下坚实的基础。

（三）书法在文化交流与沟通中的作用

在全球化背景下，文化交流与沟通显得尤为重要。书法作为一种独特的文化艺术形式，在文化交流与沟通中发挥着重要的作用。

首先，书法能够作为一种文化交流的媒介。在不同文化之间进行交流时，书法可以作为一种共同的语言和符号，帮助人们更好地理解和沟通。通过展示和欣赏书法作品，人们可以更加深入地了解不同文化的特点和魅力，从而促进文化之间的交流和融合。

其次，书法能够增强文化自信心。在面对外来文化冲击时，书法作为一种独特的文化艺术形式，能够增强人们的文化自信心和自豪感。通过学习和传承书法艺术，人们可以更加深入地了解自己的文化传统和历史底蕴，从而更加坚定地维护自己的文化根脉。

最后，书法还能够推动文化产业的发展。随着人们对文化艺术的关注和需求不断增加，书法作为一种独特的文化艺术形式，其市场潜力也在不断扩大。通过开发书法相关的文化产品和服务，可以促进文化产业的发展，为经济增长注入新的动力。

（四）书法对个人修养与心灵成长的影响

书法不仅是一种文化艺术形式，更是一种修养身心、提升精神的方式。在现代社会中，书法对个人修养与心灵成长的影响日益凸显。

首先，书法能够培养人的心性。在书法学习和实践中，人们需要保持身心的放松和专注，这种状态有助于培养人的心性，使人变得更加平静、从容和自信。

其次，书法能够提升人的审美水平。通过欣赏和创作书法作品，人们可以更加深入地了解美的本质和内涵，从而提升自己的审美水平和鉴赏能力。

最后，书法还能够促进人的心灵成长。在书法学习和实践中，人们需要不断地思考和探索，这种过程能够激发人的创造力和想象力，促进人的心灵成长和发展。同时，书法还能够提供一种独特的文化体验和精神享受，帮助人们摆脱烦恼和焦虑情绪，获得内心的平静和安宁。

第二节　国画艺术的意境之美

一、国画的起源与演变

（一）国画的起源

国画，作为中国独有的传统绘画形式，其起源可追溯至远古时期。在古代，文字与绘画的界限并不明显，二者相互交融，共同构成了中华文化的独特魅力。据史书记载，伏羲画卦、仓颉造字，被后人视为书画之先河。这些原始的符号和图形，虽未形成完整的绘画体系，但已具备了国画的基本元素和表现手法。

在新石器时代，陶器成为绘画的重要载体。西安半坡村出土的彩陶上，绘制有追逐的鱼、跳跃的鹿等图案，这些图案不仅展现了古人的审美情趣，也为后来的国画创作提供了灵感来源。同时，甘肃永靖出土的模拟船形的陶壶和青海大通上孙家寨发现的舞蹈纹彩陶盆，更是将绘画艺术推向了新的高度。这些作品不仅具有很高的艺术价值，也为我们研究国画的起源提供了珍贵的实物资料。

（二）国画的发展

随着历史的演进，国画逐渐形成了独特的艺术风格和表现手法。在先秦时期，绘画主要以壁画和帛画为主，这些作品多描绘神话故事、历史传说等内容，体现了古人对天地万物起源的探索和对未知世界的想象。到了汉代，国画在题材和技法上都有了很大的发展。此时的绘画作品开始注重人物形象的刻画和场景的描绘，技法上也出现了更为丰富的表现形式，如勾勒、点染、渲染等。

两汉和魏晋南北朝时期，域外文化的输入与本土文化产生了撞击及融合，这为国画的发展注入了新的活力。此时的绘画作品开始形成宗教绘画为主的局面，描绘本土历史人物、取材文学作品亦占一定比例。同时，山水画、花鸟画也在此时期萌芽，为后来的国画发展奠定了基础。

（三）国画的成熟

隋唐时期，社会经济、文化高度繁荣，这为国画的发展提供了有利的条件。此时的绘画作品在题材、技法和风格上都有了很大的创新和发展。山水画、花鸟画已发展成熟，形成了独特的艺术风格和表现手法。如展子虔的《游春图》、李思训的《江帆楼阁图》等作品，都是这一时期的代表作。同时，宗教画也达到了顶峰，并出现了世俗化倾向，如吴道子的《送子天王图》等作品，就具有浓郁的世俗气息。

五代两宋时期，国画进一步成熟和繁荣。此时的绘画作品在题材上更加广泛，技法上更加精湛，风格上更加多样。如顾闳中的《韩熙载夜宴图》、范宽的《溪山行旅图》等作品，都是这一时期的杰出代表。这些作品不仅具有很高的艺术价值，也为我们研究国画的发展历程提供了重要的实物资料。

（四）国画的演变

随着历史的发展，国画也在不断演变和创新。明清以来，特别是辛亥革命以后，随着封建社会的瓦解和外来文化的传入，国画开始面临新的挑战和机遇。此时的画家们开始吸收和借鉴西方绘画的技法和理念，将国画推向了新的高度。如徐悲鸿的《八骏图》、张大千的《泼墨山水》等作品，都是这一时期的代表作。这些作品不仅展现了画家们的艺术才华和创新精神，也为我们研究国画的演变提供了宝贵的经验。

同时，在现代社会中，国画也在不断地发展和创新。许多画家在继承传统的基础上，注重个性化和现代化的表达，将国画与现代审美观念相结合，创作出具有独特风格和时代特征的作品。这些作品不仅丰富了国画的表现手法和风格，也为我们提供了更多欣赏和研究国画的机会。

二、国画的主要类型与特点

（一）国画的主要类型

国画作为中国传统绘画的瑰宝，其类型丰富多样，每种类型都有其独特的艺术魅力和文化内涵。首先，从表现对象来看，国画可以分为人物画、山水画、花鸟画等几大类。

人物画是中国画的重要画科之一，它以人物形象为主要描绘对象，注重表现人物的精神面貌和性格特征。人物画在绘画技法上追求"以形写神"，即通过对人物形象的精细刻画，传达出人物的精神世界和情感状态。在国画中，人物画有着悠久的历史和深厚的文化底蕴，从古代的仕女图、文人画到现代的人物肖像、历史人物画等，都体现了画家们对人物形象的深入观察和精湛技艺。

山水画是国画中的另一大类，它以山水自然景色为主要描绘对象，通过笔墨的浓淡干湿、线条的疏密变化等手法，表现出山水的雄浑、秀丽、幽深等不同风貌。山水画在国画中具有举足轻重的地位，它不仅是中国传统绘画的重要组成部分，也是中国文化精神的重要载体。在山水画中，画家们通过对自然山水的描绘，表达了对自然美的热爱和追求，同时也传达了中国人对自然、宇宙和生命的独特理解和感悟。

花鸟画是国画中的又一重要画科，它以花卉、鸟类、昆虫等为主要描绘对象，注重表现花卉的娇艳、鸟类的灵动、昆虫的生动等特征。花鸟画在国画中具有独特的艺术魅力和文化内涵，它通过对花卉、鸟类等自然物象的精细刻画和生动表现，传达出画家的审美情趣和艺术追求。同时，花鸟画也体现了中国人对自然美的独特理解和感悟，以及对生命、自然和宇宙的敬畏和尊重。

除了以上三大画科外，国画还包括了界画、瓜果画、翎毛画等多种类型。这些画科虽然表现对象不同，但都体现了中国画独特的艺术魅力和文化内涵。

（二）国画的特点

国画作为中国传统绘画的代表，具有许多独特的特点。首先，国画注重"以形写神"，即通过对物象的精细刻画和生动表现，传达出物象的精神世界和情感状态。这种"以形写神"的表现手法是国画的重要特点之一，也是中国画与其他绘画形式的重要区别之一。

其次，国画在绘画技法上追求"笔墨纸砚"的运用。毛笔是国画的基本工具之一，它以其独特的笔触和表现力，为国画提供了丰富的表现手段。同时，国画还注重墨色的运用和变化，通过墨色的浓淡干湿、线条的疏密变化等手法，表现出物象的质感和空间感。此外，国画还注重纸的选择和运用，不同的纸张质地和纹理对画面的效果有着重要影响。

再次，国画在构图和布局上追求"意境"的表现。国画注重画面的整体效果和氛围的营造，通过巧妙的构图和布局，营造出一种独特的意境和氛围。这种意境和氛围不仅体现了画家的审美情趣和艺术追求，也传达了画家对自然、宇宙和生命的独特理解和感悟。

最后，国画在色彩运用上追求"墨分五彩"的效果。国画在色彩运用上注重墨色的变化和层次感的营造，通过墨色的浓淡干湿和线条的疏密变化等手法，表现出物象的质感和空间感。同时，国画还注重色彩的对比和呼应关系，通过色彩的巧妙运用和搭配，营造出一种独特的视觉效果和艺术魅力。

三、国画名家与经典作品赏析

（一）国画名家的艺术特色

国画名家们各自拥有独特的艺术特色和风格，这些特色和风格不仅体现在他们的绘画技法上，更深深地植根于他们的文化修养、生活经历和情感体验之中。

首先，以明代画家董其昌为例，他的山水画作品追求"平淡天真"的艺术境界。他强调笔墨的简约和含蓄，追求画面的意境深远和韵味悠长。他的画作中，山石树木的线条简洁明快，墨色浓淡相宜，给人以清新脱俗之感。这种艺术特色不仅体现了董其昌对自然美的独特理解，也展现了他深厚的文化修养和高超的艺术造诣。

其次，清代画家石涛则是"搜尽奇峰打草稿"的践行者。他的画作中充满了对自然山水的深入观察和独特理解，他善于捕捉自然中的奇峰怪石、飞瀑流泉等景象，以独特的视角和构图展现它们的壮美与灵动。石涛的笔墨技法也独具匠心，他善于运用干湿浓淡的墨色变化，营造出丰富的画面层次和深邃的空间感。

此外，近代国画大师齐白石更是以"妙在似与不似之间"的艺术理念著称。他的画作中，无论是花卉、鸟类还是昆虫，都充满了生动与活泼的气息。他善于运用大写意的手法，将物象的形态、色彩和质感表现得淋漓尽致。同时，他的画作也充满了浓厚的乡土气息和民间色彩，展现了他对自然和生活的深厚情感。

（二）经典作品的赏析

国画经典作品是中华文化的瑰宝，它们不仅代表了国画艺术的最高成就，也体现了中华民族的文化底蕴和精神追求。

以《清明上河图》为例，这幅作品是北宋画家张择端的杰作。它生动地描绘了北宋都城汴京（今河南开封）清明时节的繁荣景象。画面中，人物、船只、建筑、桥梁等物象繁多而有序，展现了北宋都城的繁荣与和谐。同时，画家还巧妙地运用了透视和构图等技法，营造出一种独特的空间感和立体感。

这幅作品不仅具有极高的艺术价值，也为我们研究北宋历史和文化提供了珍贵的实物资料。

另一幅经典作品是元代画家黄公望的《富春山居图》。这幅作品以富春江畔的山水景色为描绘对象，通过细腻的笔墨和丰富的墨色变化，展现了江南山水的秀美与灵动。画面中，山石树木的线条流畅而有力，墨色浓淡相宜，给人以清新脱俗之感。同时，画家还巧妙地运用了干湿浓淡的墨色变化，营造出一种独特的氛围和意境。这幅作品不仅体现了黄公望深厚的艺术造诣和独特的艺术风格，也展现了他对自然美的热爱和追求。

（三）国画名家的艺术成就与影响

国画名家们的艺术成就不仅体现在他们的经典作品上，更体现在他们对后世的影响和贡献上。

以明代画家董其昌为例，他的艺术理念和技法对后世产生了深远的影响。他提出的"南北宗"论不仅梳理了中国山水画的流派和风格，也为后世的山水画创作提供了重要的理论支撑。同时，他的笔墨技法也对后世产生了深远的影响，许多画家都受到他的启发和影响。

清代画家石涛则以其独特的艺术风格和技法为后世树立了榜样。他的画作中充满了对自然山水的深入观察和独特理解，这种观察和理解方式对后世的山水画创作产生了深远的影响。同时，他的笔墨技法也独具匠心，为后世的山水画创作提供了新的思路和手段。

近代国画大师齐白石更是以其独特的艺术风格和深厚的艺术造诣为后世树立了典范。他的画作中充满了生动与活泼的气息，这种气息不仅体现在他的花卉、鸟类等物象上，更体现在他的笔墨技法上。他的大写意手法和独特的色彩运用方式都为后世提供了宝贵的经验和启示。

（四）国画经典作品的历史地位与文化价值

国画经典作品不仅代表了国画艺术的最高成就，也体现了中华民族的文化底蕴和精神追求。它们具有极高的历史地位和文化价值，是中华文化的瑰宝和代表。

首先，这些经典作品具有极高的艺术价值。它们通过独特的艺术手法和表现形式展现了自然和生活的美好与真实，给人以美的享受和心灵的慰藉。同时，它们也体现了画家们深厚的艺术造诣和独特的艺术风格，为后世的艺术创作提供了重要的借鉴和启示。

其次，这些经典作品还具有极高的历史价值。它们记录了中华民族的历史和文化变迁，反映了不同历史时期的社会风貌和人文精神。通过对这些作品的研究和欣赏，我们可以更好地了解中华民族的历史和文化传统，增强文化自信和民族自豪感。

这些经典作品还具有极高的文化价值，它们不仅代表了中华文化的精髓和特色，也展现了中华民族的文化底蕴和精神追求。这些作品所蕴含的文化内涵和精神价值对于推动中华文化的传承和发展具有重要意义。同时，它们也为世界文化的交流和互鉴提供了重要的桥梁和纽带。

四、国画艺术在现代社会的创新与发展

（一）国画艺术的现代转型

在现代社会，国画艺术面临着新的机遇与挑战，其创新与发展成为了时代的必然。国画艺术的现代转型，首先体现在对传统技法和理念的继承与发扬上。传统国画注重笔墨的运用、气韵的生动以及意境的营造，这些传统元素在现代国画作品中仍然得以体现，但同时又注入了新的时代精神和审美观念。

其次，现代国画在题材和形式上也有所突破。传统国画多以山水、花鸟、人物为主要题材，而现代国画则开始关注现实生活和当代社会，出现了许多以城市景观、工业文明、现代生活为题材的作品。在形式上，现代国画也开始尝试与其他艺术形式相结合，如与油画、版画、雕塑等艺术形式进行跨界合作，创造出更具时代感和创新性的作品。

（二）国画艺术的创新实践

在现代社会，许多国画艺术家致力于在继承传统的基础上进行创新实践。他们通过深入研究传统国画技法，并结合现代审美观念和技术手段，探索出许多新的表现方法和艺术风格。

一方面，一些艺术家注重对传统笔墨技法的创新和拓展。他们尝试运用不同的笔法、墨色和纸张，创造出具有独特韵味的国画作品。同时，他们还借鉴了西方绘画中的光影、透视等技法，使画作品在视觉效果上更加丰富多样。

另一方面，一些艺术家则注重在题材和形式上的创新。他们关注当代社会热点和人民生活，以独特的视角和表现手法创作出具有时代感和人文关怀的国画作品。同时，他们还尝试将国画与其他艺术形式相结合，创造出新的艺术形式和表现手法。

（三）国画艺术在国际交流中的发展

随着全球化进程的加速和国际交流的增多，国画艺术也逐渐走向世界舞台。在国际交流中，国画艺术家们通过参加各种展览、研讨会和艺术家采风等活动，与其他国家的艺术家进行深入的交流和合作。

这种国际交流不仅促进了国画艺术的传播和推广，也为国画艺术家们提供了更广阔的视野和更丰富的创作灵感。通过与不同国家的艺术家进行交流和合作，国画艺术家们可以学习到其他国家的艺术理念和技法，并将其融到自己的创作中。同时，他们也可以将自己的国画作品和创作理念介绍给其他国家的人们，增进不同文化之间的了解和尊重。

（四）国画艺术在现代社会的文化价值

国画艺术作为中国传统文化的重要组成部分，在现代社会中仍然具有重要的文化价值。首先，国画艺术是中华民族文化的瑰宝和代表，它蕴含着丰富的历史信息和文化内涵。通过对国画艺术的学习和传承，我们可以更好地了解中华民族的历史和文化传统，增强文化自信和民族自豪感。

其次，国画艺术也是中华民族审美观念和精神追求的体现。它注重笔墨的运用、气韵的生动以及意境的营造，这些元素都体现了中华民族独特的审美观念和精神追求。在现代社会中，随着人们生活水平的提高和审美需求的多样化，国画艺术仍然具有重要的审美价值和精神价值。

最后，国画艺术还具有独特的教育价值和社会价值。通过学习国画艺术，人们可以培养自己的审美能力和创造力，提高自己的文化素养和综合素质。

同时，国画艺术也可以作为文化交流和传播的重要载体，为不同文化之间的交流和融合作出贡献。

第三节　戏曲艺术的表演艺术

一、戏曲的起源与种类

（一）戏曲的起源

中国戏曲源远流长，其起源可追溯到远古时期的祭祀仪式和民间歌舞。据历史记载和考古发现，先秦时期的《诗经》和《楚辞》中的"颂"和"九歌"等作品，已经包含了祭神时歌舞的唱词，这些歌舞初步具备了戏曲表演的一些基本元素，如歌唱、舞蹈和表演等。

从春秋战国到汉代，随着社会的发展和人们精神生活的丰富，娱神的歌舞逐渐演变出娱人的歌舞。这些歌舞不仅具有娱乐性，还开始具有一定的叙事性和表演性。汉魏至中唐时期，出现了以竞技为主的"角抵"（即百戏）、以问答方式表演的"参军戏"和扮演生活小故事的歌舞"踏摇娘"等，这些都是戏曲萌芽状态的重要表现。

到了唐代中后期，随着社会的繁荣和文化的昌盛，戏曲艺术得到了进一步的发展。中唐以后，我国戏剧飞跃发展，戏剧艺术逐渐形成。此时，出现了许多具有故事情节和人物角色的戏剧作品，如《莺莺传》《霍小玉传》等，这些作品为后来戏曲的成熟奠定了基础。

（二）戏曲的种类

中国戏曲种类繁多，各具特色。根据表演形式、唱腔、地域等方面的不同，可以将戏曲分为多个种类。

首先，从表演形式上看，中国戏曲可以分为话剧、戏曲、歌剧、舞剧等。其中，戏曲是最具代表性的种类之一，它以唱、念、做、打为主要表演手段，通过演员的表演来展现故事情节和人物性格。

其次，从唱腔上看，中国戏曲的唱腔也各具特色。例如，京剧的唱腔以"皮黄"为主，曲调丰富、旋律优美；越剧的唱腔则以"四工腔"为主，清新婉约、优美动听；黄梅戏的唱腔则融合了青阳腔和徽剧的音乐特点，具有浓郁的地方特色。

此外，从地域上看，中国戏曲还可以分为不同的流派和剧种。例如，京剧是北京地区的代表性剧种，以其独特的表演风格和唱腔特点而闻名于世；越剧则主要流行于浙江地区，以其抒情性和江南灵秀之气而著称；黄梅戏则主要流行于安徽、江西、湖北三省交界地区，以其清新自然、朴实无华的表演风格而受到广大观众的喜爱。

（三）戏曲的特点

中国戏曲具有许多独特的特点。首先，它注重唱、念、做、打的综合运用，通过演员的表演来展现故事情节和人物性格。这种表演方式使得戏曲具有很强的感染力和表现力，能够吸引观众的注意力并引起共鸣。

其次，中国戏曲的唱腔也独具特色。不同的剧种和流派都有其独特的唱腔和音乐风格，这些唱腔和音乐风格不仅具有艺术价值，还能够反映不同地区和民族的文化特色。

此外，中国戏曲还注重服饰、化妆和道具的运用。这些元素不仅增加了戏曲的观赏性和艺术性，还能够更好地展现人物的性格和身份。

（四）戏曲在现代社会的发展

随着社会的发展和时代的变迁，中国戏曲也在不断地发展和创新。一方面，传统的戏曲艺术得到了更好的传承和保护，许多经典的戏曲作品得到了重新演绎和传承；另一方面，新的戏曲作品和表演形式也不断涌现，为观众带来了更多元化的选择和体验。

同时，随着科技的发展和应用，戏曲艺术也面临着新的挑战和机遇。例如，数字技术的应用使得戏曲的传播和展示方式更加多样化和便捷化；互联网的发展则为戏曲的推广和交流提供了更广阔的平台和渠道。这些新的机遇和挑战将促进戏曲艺术的不断创新和发展。

二、戏曲的表演形式与技巧

（一）戏曲的表演形式

中国戏曲的表演形式丰富多样，主要包括唱、念、做、打四种基本形式。这四种形式相互融合，共同构成了戏曲独特的艺术魅力。

首先，唱是戏曲表演的核心。演员通过歌唱来传达剧情、塑造人物、抒发情感。戏曲的唱腔具有鲜明的节奏感和旋律感，能够引起观众的共鸣。同时，唱腔还融合了各地的方言和音韵特点，使得戏曲具有浓郁的地方色彩。

其次，念是戏曲表演中的语言表达形式。演员通过念白来叙述剧情、交代人物关系、揭示人物性格。念白要求演员发音准确、吐字清晰、语调抑扬顿挫，以符合角色的身份和性格。同时，念白还注重语言的韵律美和节奏感，使得戏曲表演更加生动传神。

再次，做是戏曲表演中的身段动作。演员通过身段动作来展现角色的性格、情感和身份。戏曲表演的身段动作讲究身法、步法和手法的协调统一，要求演员具备扎实的基本功和灵活的表演能力。同时，身段动作还注重与唱腔、念白的配合，以达到形神兼备的艺术效果。

最后，打是戏曲表演中的武打动作。武打动作是戏曲表演中的一大特色，它通过精彩的打斗场面来展现角色的英勇、威武和力量。武打动作要求演员具备高超的武术技巧和丰富的表演经验，能够准确、生动地表现角色的性格和情感。

（二）戏曲的表演技巧

戏曲的表演技巧是演员在表演过程中需要掌握和运用的一系列技能和方法。这些技巧包括唱腔技巧、念白技巧、身段动作技巧和武打技巧等。

首先，唱腔技巧是戏曲表演中的基本技巧之一。演员需要掌握正确的发声方法、呼吸技巧和音色控制等技能，以唱出优美动听的唱腔。同时，演员还需要根据角色的性格和情感变化来调整唱腔的旋律和节奏，以达到更好的艺术效果。

其次，念白技巧也是戏曲表演中的重要技巧之一。演员需要掌握准确的发音、吐字和语调控制等技能，以念出清晰、生动的念白。同时，演员还需要根据角色的性格和情感变化来调整念白的语气和语调，以更好地塑造角色形象。

再次，身段动作技巧是戏曲表演中的关键技巧之一。演员需要掌握身法、步法和手法的协调统一，以展现出优美的身段动作。同时，演员还需要根据角色的性格和情感变化来调整身段动作的节奏和幅度，以达到更好的表演效果。

最后，武打技巧是戏曲表演中的特殊技巧之一。演员需要掌握高超的武术技巧和丰富的表演经验，以展现出精彩的武打场面。同时，演员还需要注重与对手的配合和动作的流畅性，以达到更好的视觉效果和表演效果。

（三）戏曲表演中的情感表达

情感表达是戏曲表演中不可或缺的一部分。演员需要通过自己的表演来传达角色的情感和内心世界，以引起观众的共鸣和感动。情感表达需要演员具备深厚的情感体验和表演能力，能够准确地把握角色的情感变化和内心状态，并通过自己的表演来展现出来。

（四）戏曲表演在现代社会的传承与发展

在现代社会，戏曲表演面临着新的机遇和挑战。一方面，随着科技的进步和文化的多元化，戏曲表演需要不断地创新和发展，以适应现代观众的审美需求和文化需求。另一方面，戏曲表演也需要加强传承和保护工作，以传承和弘扬中华民族优秀的传统文化。

因此，戏曲表演在现代社会的传承与发展需要注重以下几个方面：一是加强戏曲表演人才的培养和教育工作，提高演员的表演水平和文化素养；二是加强戏曲表演的创新和改革工作，探索新的表演形式和技巧；三是加强戏曲表演的宣传和推广工作，提高戏曲的知名度和影响力；四是加强戏曲表演的保护和传承工作，传承和弘扬中华民族优秀的传统文化。

三、戏曲经典剧目与名家

（一）戏曲经典剧目的艺术价值

中国戏曲的经典剧目丰富多彩，这些剧目不仅是戏曲艺术的瑰宝，更是中华民族文化的重要载体。它们通过生动的故事情节、鲜明的人物形象、独特的艺术手法，展现了中华民族的历史变迁、社会风貌、人文精神以及审美追求。

首先，戏曲经典剧目具有深厚的历史文化底蕴。这些剧目往往取材于历史事件、文学作品或民间传说，通过戏曲的形式进行再创作和演绎，使得观众在欣赏戏曲的同时，也能够了解到中华民族的历史和文化。例如，京剧《霸王别姬》取材于楚汉相争的历史故事，通过京剧的艺术手法，展现了项羽和虞姬之间悲壮的爱情故事，同时也反映了当时社会的政治斗争和人民疾苦。

其次，戏曲经典剧目具有独特的艺术魅力。这些剧目在唱腔、表演、音乐、舞蹈等方面都具有鲜明的特色和独特的风格，使得观众在欣赏戏曲的同时，也能够感受到中国传统艺术的博大精深。例如，越剧《梁山伯与祝英台》以其优美的唱腔、细腻的表演和独特的音乐风格，展现了梁祝之间忠贞不渝的爱情故事，同时也体现了越剧艺术的独特魅力。

最后，戏曲经典剧目具有深刻的思想内涵。这些剧目往往通过生动的故事情节和人物形象，反映了当时社会的政治、经济、文化等方面的状况，以及人民对于美好生活的向往和追求。例如，黄梅戏《天仙配》通过讲述董永和七仙女之间的爱情故事，展现了人们对于真挚爱情的向往和追求，同时也反映了当时社会对于封建礼教的反抗和斗争。

（二）戏曲名家的艺术成就

中国戏曲历史上涌现出了许多杰出的戏曲名家，他们以自己的艺术才华和不懈努力，为戏曲艺术的发展作出了重要贡献。这些名家不仅在表演上技艺精湛、风格独特，而且在创作上也具有深厚的造诣和独特的见解。

首先，戏曲名家在表演上技艺精湛、风格独特。他们通过长期的实践和探索，形成了自己独特的表演风格和技巧，使得自己的表演具有鲜明的个性和独特的魅力。例如，京剧大师梅兰芳以其精湛的表演技艺和独特的艺术风格，成了京剧艺术的代表人物之一。他的表演风格细腻入微、情感真挚、形象生动，深受观众喜爱。

其次，戏曲名家在创作上也具有深厚的造诣和独特的见解。他们不仅善于从生活中汲取素材和灵感，而且能够将这些素材和灵感进行巧妙的加工和再创作，创作出具有深刻思想内涵和独特艺术魅力的戏曲作品。例如，昆曲大师俞振飞以其深厚的文学功底和独特的艺术见解，创作出了许多具有深刻思想内涵和独特艺术魅力的昆曲作品，为昆曲艺术的发展作出了重要贡献。

（三）经典剧目与名家之间的互动关系

经典剧目与名家之间存在着密切的互动关系。一方面，经典剧目为名家提供了广阔的舞台和丰富的素材，使得他们能够充分发挥自己的艺术才华和创作能力；另一方面，名家的精彩表演和独特见解也为经典剧目的传承和发展注入了新的活力和内涵。

首先，经典剧目为名家提供了广阔的舞台和丰富的素材。这些剧目不仅具有深厚的历史文化底蕴和独特的艺术魅力，而且蕴含着丰富的情感和思想内涵。名家们可以通过对这些剧目的深入研究和精心演绎，将自己的艺术才华和创作能力得到充分的发挥和展现。

其次，名家的精彩表演和独特见解也为经典剧目的传承和发展注入了新的活力和内涵。名家们通过自己的表演和创作，对经典剧目进行了新的解读和演绎，使得这些剧目在传承的过程中不断焕发出新的光彩和魅力。同时，名家们的表演和创作也激发了观众对于戏曲艺术的热爱和关注，为戏曲艺术的传承和发展提供了更加坚实的基础和更加广阔的空间。

（四）戏曲经典剧目与名家在现代社会的传承与发展

在现代社会，戏曲经典剧目与名家的传承与发展面临着新的机遇和挑战。一方面，随着科技的发展和文化的多元化，戏曲艺术需要不断地进行创新和发展，以适应现代观众的审美需求和文化需求；另一方面，戏曲艺术也需要加强传承和保护工作，以传承和弘扬中华民族优秀的传统文化。

因此，戏曲经典剧目与名家在现代社会的传承与发展需要注重以下几个方面：一是加强戏曲艺术的创新和发展工作，探索新的表演形式和技巧，创作出更多具有现代感和时代感的戏曲作品；二是加强戏曲艺术的传承和保护工作，通过教育、培训等方式培养更多的戏曲人才，传承和弘扬中华民族优秀的传统文化；三是加强戏曲艺术的推广和宣传工作，提高戏曲艺术的知名度和影响力，吸引更多的观众关注和喜爱戏曲艺术。

四、戏曲艺术在现代社会的传承与发展

（一）戏曲艺术在现代社会的传承意义

戏曲艺术作为中华民族传统文化的瑰宝，其传承在现代社会具有深远的意义。首先，戏曲艺术承载着中华民族数千年的历史和文化，通过传承戏曲艺术，我们能够更好地了解和传承中华民族的优秀传统文化，增强文化自信。其次，戏曲艺术具有独特的审美价值，其表演形式、唱腔、音乐、舞蹈等都具有极高的艺术价值，传承戏曲艺术能够丰富人们的精神文化生活，提升审美水平。此外，戏曲艺术还具有重要的社会教育功能，通过戏曲表演，可以传递社会正能量，弘扬社会主义核心价值观，促进社会的和谐稳定。

（二）戏曲艺术在现代社会的传承方式

在现代社会，戏曲艺术的传承方式多种多样。首先，通过戏曲院团、戏曲学校等专业机构进行传承，这些机构拥有专业的师资力量和完善的教学设施，能够为戏曲艺术的传承提供有力的保障。其次，通过举办戏曲演出、戏曲比赛等活动进行传承，这些活动能够吸引更多的观众关注和了解戏曲艺术，为戏曲艺术的传承注入新的活力。此外，还可以通过互联网、新媒体等现代技术手段进行传承，利用网络平台发布戏曲作品、教学视频等资源，扩大戏曲艺术的传播范围和影响力。

（三）戏曲艺术在现代社会的发展趋势

随着时代的变迁和社会的发展，戏曲艺术在现代社会呈现出多元化、创新化的发展趋势。首先，戏曲艺术在内容上更加关注现实生活和时代精神，通过创作现代题材的戏曲作品，反映社会现实和人民生活，增强戏曲艺术的现实感和时代感。其次，戏曲艺术在形式上不断创新，吸收借鉴其他艺术形式的优点和长处，形成具有时代特色的戏曲表演风格。此外，戏曲艺术还注重跨界融合，与其他艺术形式如音乐、舞蹈、电影等进行跨界合作，拓展戏曲艺术的表现形式和传播渠道。

（四）戏曲艺术在现代社会面临的挑战与对策

尽管戏曲艺术在现代社会具有广阔的发展前景，但也面临着一些挑战。首先，随着现代娱乐方式的多样化，戏曲艺术的受众群体逐渐缩小，如何吸引年轻观众成为戏曲艺术传承与发展的关键。其次，戏曲艺术的传承人才短缺，如何培养更多的戏曲人才成为亟待解决的问题。此外，戏曲艺术在市场竞争中也面临着较大的压力，如何提升戏曲艺术的市场竞争力成为亟待解决的问题。

针对这些挑战，我们可以采取以下对策。首先，加强戏曲艺术的普及和推广工作，通过举办戏曲演出、戏曲讲座等活动，提高公众对戏曲艺术的认识和了解。其次，加强戏曲艺术的教育培训工作，通过戏曲学校、戏曲社团等渠道培养更多的戏曲人才。此外，还可以加强戏曲艺术的创新研发工作，创作更多具有现代感和时代感的戏曲作品，提升戏曲艺术的市场竞争力。同时，政府和社会各界也应该给予戏曲艺术更多的关注和支持，为戏曲艺术的传承与发展提供有力的保障。

第四节 传统音乐与舞蹈的韵味

一、传统音乐的类型与特点

（一）传统音乐的类型

传统音乐，作为中华民族文化的瑰宝，其类型丰富多样，反映了不同地区、不同民族、不同历史时期的文化特色和审美追求。以下从传统音乐的几个主要类型进行阐述。

民间音乐：民间音乐是传统音乐中最具活力和生命力的部分，它源于民间，流传于民间，是广大人民群众在长期的生产、生活中创造出来的。民间音乐包括民歌、民间器乐、民间歌舞等多种形式。民歌是民间音乐的基础，其歌词朴实自然，曲调悠扬动听，往往表达了人们的情感诉求和生活愿望。民间器乐则以其独特的音色和演奏技巧，展现了音乐的独特魅力。

宫廷音乐：宫廷音乐是历史上封建王朝为了维护其统治地位和宫廷生活需要而创作的音乐。它主要包括祭祀音乐、宗庙音乐、朝会音乐、宴乐等。宫廷音乐在形式上讲究规模宏大、仪式隆重，在内容上则多反映封建王朝的威严和尊贵。宫廷音乐在历史上的发展和演变，反映了不同历史时期的社会风尚和审美趣味。

文人音乐：文人音乐是历史上文人墨客们创作和演奏的音乐，其特点在于注重音乐的内在美和情感的表达。文人音乐以古琴为主要演奏乐器，包括琴曲、琴歌等形式。文人音乐在演奏上追求细腻入微、情感真挚，其曲调往往悠扬动听、意境深远。文人音乐在历史上的发展和演变，反映了文人墨客们的审美追求和精神追求。

宗教音乐：宗教音乐是伴随着宗教信仰而产生的音乐形式，主要包括佛教音乐、道教音乐等。宗教音乐在形式上讲究庄严肃穆、神秘莫测，在内容上则多反映宗教信仰和教义。宗教音乐在演奏上追求纯净和谐、超凡脱俗，其曲调往往悠扬动听、富有感染力。宗教音乐在历史上的发展和演变，反映了宗教信仰在人民群众中的影响力和地位。

（二）传统音乐的特点

传统音乐作为中华民族文化的瑰宝，具有以下几个显著的特点：

地域性：传统音乐具有鲜明的地域特色，不同地区、不同民族的传统音乐在风格、形式、内容等方面都存在差异。这种地域性特点反映了不同地区、不同民族的文化特色和审美追求。

民族性：传统音乐是各民族在长期的历史发展过程中形成的独特音乐形式，具有鲜明的民族特色。各民族的传统音乐在旋律、节奏、音色等方面都具有独特的风格，体现了各民族的独特文化和精神风貌。

历史性：传统音乐是历史的产物，它反映了不同历史时期的社会风尚、审美趣味和文化特点。传统音乐在历史上的发展和演变，不仅记录了中华民族的历史进程，也展现了中华民族的文化底蕴和精神追求。

情感性：传统音乐注重情感的表达和传递，其旋律、节奏、音色等音乐元素都蕴含着丰富的情感内涵。传统音乐能够触动人们的心灵深处，引发共鸣和感动，具有独特的艺术魅力和感染力。

二、传统舞蹈的风格与流派

（一）传统舞蹈的风格概述

传统舞蹈是中华民族文化的瑰宝之一，其风格各异，体现了不同地域、民族和时代的审美追求。传统舞蹈的风格通常可以从以下几个方面来概述：

地域特色：中国地域辽阔，不同地区的自然环境、历史背景和文化传统差异显著，这也使得各地的传统舞蹈风格迥异。例如，江南水乡的舞蹈轻盈柔美，动作流畅；而西北地区的舞蹈则刚健有力，富有浓郁的民族特色。这些地域特色使得传统舞蹈在风格上呈现出多元化的特点。

民族风情：中国是一个统一的多民族国家，各民族的舞蹈都蕴含着本民族的文化精髓和审美追求。汉族的舞蹈注重形式美感和技艺展示，如古典舞、民间舞等；藏族的舞蹈则体现了高原民族的豪放与激情洒脱，如锅庄舞、弦子舞等。这些民族风情使得传统舞蹈在风格上更加丰富多彩。

古典韵味：传统舞蹈中的古典舞蹈，如汉唐乐舞、明清宫廷舞蹈等，具有独特的古典韵味。这些舞蹈在动作设计、服饰装扮、音乐伴奏等方面都追求典雅、端庄，体现了古代文化的精髓和审美追求。古典舞蹈的风格特点使得其在传统舞蹈中独树一帜，具有较高的艺术价值。

民间特色：民间舞蹈是传统舞蹈的重要组成部分，它源于民间生活，具有浓郁的乡土气息和民俗特色。民间舞蹈在动作设计、音乐伴奏、服饰装扮等方面都体现了民间文化的特点，如秧歌、花鼓灯、傣族孔雀舞等。这些民间特色使得传统舞蹈在风格上更加贴近人民生活，具有广泛的群众基础。

（二）传统舞蹈的流派分析

传统舞蹈的流派是指在一定地域、民族或历史时期形成的具有共同风格和特点的舞蹈派别。以下从传统舞蹈的几个主要流派进行分析：

古典舞流派：古典舞流派是指以汉唐乐舞、明清宫廷舞蹈等为代表的具有古典韵味的舞蹈派别。古典舞流派在动作设计、服饰装扮、音乐伴奏等方面都追求典雅、端庄，体现了古代文化的精髓和审美追求。古典舞流派在传承和发展过程中，形成了独特的表演风格和技艺体系，具有较高的艺术价值。

民族舞流派：民族舞流派是指以各民族舞蹈为代表的具有浓郁民族特色的舞蹈派别。各民族舞蹈在动作设计、音乐伴奏、服饰装扮等方面都体现了本民族的文化精髓和审美追求。民族舞流派在传承和发展过程中，不仅保留了本民族舞蹈的独特风格，还吸收了其他舞蹈流派的优点和长处，形成了各具特色的表演风格和技艺体系。

民间舞流派：民间舞流派是指以民间舞蹈为代表的具有浓郁乡土气息和民俗特色的舞蹈派别。民间舞蹈源于民间生活，具有广泛的群众基础。民间舞流派在动作设计、音乐伴奏、服饰装扮等方面都体现了民间文化的特点，如秧歌、花鼓灯、傣族孔雀舞等。民间舞流派在传承和发展过程中，不断吸收新的元素和创意，使得民间舞蹈在风格上更加多样化和现代化。

现代舞流派：现代舞流派是指在现代社会形成的具有创新性和实验性的舞蹈派别。现代舞流派在动作设计、音乐伴奏、表演形式等方面都追求创新和突破，不拘泥于传统规范和形式。现代舞流派在传承和发展过程中，不断吸收现代艺术和科技的成果，形成了具有现代感和时代感的表演风格和技艺体系。

（三）传统舞蹈流派的艺术特色

传统舞蹈流派的艺术特色是其得以传承和发展的重要因素。这些艺术特色不仅体现了各个流派的独特风格，也展示了中华舞蹈文化的博大精深。

古典舞流派的典雅与庄重：古典舞流派以其典雅、庄重的艺术风格著称。舞者们在表演时，身体线条流畅，动作规范，举手投足间都流露出古典文化的韵味。古典舞的音乐伴奏也常采用古典乐器，如古筝、琵琶等，与舞蹈动作相得益彰，共同营造出一种典雅的艺术氛围。

民族舞流派的多样与独特：民族舞流派因其所代表的民族不同而具有多样化的艺术特色。例如，维吾尔族的舞蹈以欢快、活泼著称，而藏族的舞蹈则显得豪放而有力。这些民族舞蹈不仅展示了各民族独特的文化魅力，也体现了中华民族文化的多元性。

民间舞流派的朴实与生动：民间舞流派源于民间生活，因此具有朴实、生动的艺术特色。这些舞蹈往往以日常生活为题材，通过夸张的动作和表情来展现人物的性格和情感。民间舞蹈的音乐伴奏也常采用民间乐器，如锣鼓、唢呐等，使得舞蹈更具地方特色和乡土气息。

现代舞流派的创新与实验：现代舞流派在传承和发展传统舞蹈的基础上，不断吸收现代艺术和科技的成果，形成了具有创新性和实验性的艺术特色。现代舞在动作设计、音乐伴奏、表演形式等方面都追求突破和超越，尝试将传统舞蹈与现代元素相结合，创造出新的舞蹈形式和风格。

（四）传统舞蹈流派的传承与发展

传统舞蹈流派的传承与发展是中华舞蹈文化得以延续和发展的重要保障。在传承方面，需要加强对传统舞蹈的保护和传承工作，通过教学、演出、研究等方式将传统舞蹈的技艺和风格传承给下一代。同时，也需要加强对传统舞蹈的宣传和推广工作，提高公众对传统舞蹈的认知度和兴趣度。

在发展方面，需要不断创新和探索，将传统舞蹈与现代元素相结合，创造出新的舞蹈形式和风格。同时，也需要加强与其他国家和地区的舞蹈文化交流与合作，推动中华舞蹈文化走向世界舞台。通过传承与发展相结合，可以让传统舞蹈在现代社会焕发出新的生机和活力，为中华文化的繁荣和发展做出更大的贡献。

三、传统音乐与舞蹈的经典作品

（一）经典作品的历史背景与文化内涵

传统音乐与舞蹈的经典作品，往往承载着深厚的历史背景和文化内涵。这些作品不仅反映了古代社会的生产、生活、战争、祭祀和娱乐等场景，还展现了不同地域、不同民族的文化特色和审美追求。

例如，古代舞蹈《楚汉鏖兵》和《晋楚乐舞》等，就通过舞蹈的形式表现了古代战争中的豪壮和激烈，体现了古代人民英勇无畏、保家卫国的精神。

而《东方朔》和《采茶舞》等舞蹈，则以生产和生活为主题，生动地展现了古代人民的日常生活和劳动场景，体现了古代社会的风俗习惯和文化传统。

同样，传统音乐中的经典作品也蕴含着丰富的文化内涵。如《高山流水》和《广陵散》等古琴曲，不仅体现了古代文人的审美追求和精神风貌，还反映了古代社会的音乐文化和艺术水平。这些作品通过音乐的形式，展现了古代人民对自然、社会、人生的思考和感悟。

（二）经典作品的艺术特色与表现形式

传统音乐与舞蹈的经典作品，在艺术特色和表现形式上也具有独特之处。这些作品不仅注重技艺的精湛和表现力的强大，还追求形式美感和情感表达的完美结合。

在舞蹈方面，经典作品往往具有独特的舞蹈语言和表现手法。例如，《鸿雁》这一舞蹈作品，通过优美的舞姿和动人的音乐，展现了鸿雁在迁徙过程中的艰辛和美丽，表达了人们对自然和生命的敬畏与赞美。同时，该作品还融入了现代舞蹈的元素和技巧，使得整个舞蹈更加具有时代感和观赏性。

在音乐方面，经典作品则注重旋律的优美和节奏的和谐。例如，《二泉映月》这首二胡曲，通过独特的演奏技巧和深情的旋律，表达了作者对人生和社会的深刻思考和感悟。该作品不仅具有极高的艺术价值，还成了中国音乐史上的经典之作。

（三）经典作品的传承与创新

传统音乐与舞蹈的经典作品在传承与创新方面也具有重要意义。这些作品通过传承和发扬，不仅让后人了解和欣赏到古代文化的瑰宝，还推动了传统艺术的创新和发展。

在传承方面，经典作品通过教学、演出、研究等方式得到了广泛的传播和普及。例如，贾作光先生的舞蹈作品《牧马舞》和《鄂尔多斯舞》等，就通过演出和教学的方式得到了广泛的传承和发扬。这些作品不仅让后人了解和欣赏到了传统舞蹈的魅力，还激发了人们对传统艺术的热爱和追求。

在创新方面，经典作品也通过与现代元素的结合和融合，创造出了新的艺术形式和风格。例如，现代舞蹈家们通过对传统舞蹈的改编和创新，创造出了具有现代感和时代感的舞蹈作品。这些作品不仅展现了传统舞蹈的精髓和魅力，还融入了现代艺术的元素和技巧，使得整个舞蹈更加具有创新性和观赏性。

（四）经典作品的社会价值与影响

传统音乐与舞蹈的经典作品还具有重要的社会价值和影响。这些作品不仅丰富了人们的文化生活和精神世界，还促进了社会的和谐稳定和文化的繁荣发展。

在文化方面，经典作品是中华文化的瑰宝和重要组成部分。它们通过音乐、舞蹈等艺术形式展现了古代文化的魅力和特色，让人们更加了解和热爱自己的文化。同时，这些作品还促进了不同地域、不同民族之间的文化交流与合作，推动了中华文化的传承和发展。

在社会方面，经典作品也具有重要的社会价值和意义。它们通过艺术的形式传递了正能量和积极的信息，弘扬了社会主义核心价值观和中华民族传统美德。同时，这些作品还激发了人们的创造力和创新精神，推动了社会的创新和发展。

第四章　中华传统建筑与园林艺术

第一节　古代建筑的特点与风格

一、古代建筑的起源与发展

（一）古代建筑的起源

古代建筑的起源，可以追溯至人类文明的初期。在远古时代，人类为了遮风避雨、防寒保暖，开始尝试构建各种形式的居住空间。这一阶段的建筑，多以天然材料为主，如石头、木头、泥土等，且结构简单，功能单一，主要用于满足人类的基本生存需求。

在中国，古代建筑的起源与黄河流域的自然环境、社会结构和文化传统密切相关。黄河流域丰富的水资源和肥沃的土地，为农耕文明的发展提供了得天独厚的条件。这种农耕文明促使人们形成了"定居"的观念，进而产生了对稳定居住空间的需求。同时，黄河流域的土质和木性也为建筑提供了理想的材料。在这样的背景下，中国古代建筑逐渐萌芽，并开始了漫长的发展历程。

（二）古代建筑的发展阶段

古代建筑的发展，可以大致分为几个阶段。首先是萌芽阶段，即旧石器时代和新石器时代，人类开始利用天然材料构建简单的居住空间。其次是成长阶段，随着生产力的提高和社会的发展，建筑技术不断进步，建筑形式和功能也逐渐丰富。例如，商朝时期出现了较成熟的夯土技术，用于建造城墙和宫殿；春秋战国时期，则出现了建筑等级制度和"司空"，发展为中国特有的工官制度。

到了汉代，中国古代建筑进入了大规模建设时期。汉武帝时期修筑的长城，不仅是中国古代建筑的杰出代表，也是世界建筑史上的奇迹。此外，汉代还出现了许多寺庙、陵墓等建筑，这些建筑不仅规模宏大、技艺精湛，而且体现了汉代社会的宗教信仰和审美观念。

（三）古代建筑的技术与风格

古代建筑的发展，离不开建筑技术的支撑。中国古代建筑以木构架为主要结构形式，这种结构形式具有灵活多变、抗震性强等优点。同时，中国古代建筑还注重装饰和细节处理，如斗拱、檐口、屋顶等部位的装饰，都体现了中国古代建筑的独特风格。

在建筑风格上，中国古代建筑以"天人合一"的哲学思想为指导，追求建筑与自然的和谐统一。这种风格不仅体现在建筑的布局和造型上，也体现在建筑材料的选择和使用上。例如，中国古代建筑多采用木材、砖瓦等天然材料，不仅具有良好的保温隔热性能，还能与自然环境融为一体。

（四）古代建筑的社会与文化价值

古代建筑不仅是人类文明的瑰宝，也是社会和文化的重要载体。首先，古代建筑是人类智慧和创造力的结晶，它们体现了人类对自然和社会的认识和理解。其次，古代建筑是历史和文化的重要见证，它们记录了古代社会的政治、经济、文化等方面的发展变化。最后，古代建筑还是人们精神生活的重要组成部分，它们为人们提供了精神上的寄托和慰藉。

在中国，古代建筑更是中华文化的重要载体。从古代的宫殿、寺庙、陵墓等建筑中，我们可以感受到中华文化的博大精深和独特魅力。同时，这些建筑也为后人提供了宝贵的文化遗产和历史财富，对于推动中华文化的传承和发展具有重要意义。

二、古代建筑的主要类型与风格

（一）古代建筑的主要类型

古代建筑根据其用途和功能，可以划分为多种类型。首先，宫殿建筑是古代建筑的重要代表，它们通常作为帝王居住和处理政务的场所，具有极高的规格和地位。例如，中国的故宫，作为明清两代的皇家宫殿，其建筑规模和艺术价值都达到了古代建筑的巅峰。

其次，寺庙建筑也是古代建筑的重要类型之一。它们不仅是宗教活动的场所，更是文化和艺术的载体。寺庙建筑通常具有独特的宗教色彩和象征意义，如佛教的寺庙、道教的道观等。这些建筑在设计和建造时，都充分考虑了宗教仪式和信徒的需求，体现了古代社会对宗教信仰的尊重和重视。

此外，古代建筑还包括民居建筑、园林建筑、陵墓建筑等多种类型。民居建筑体现了古代人民的生活方式和文化传统，园林建筑则展示了古代社会的审美追求和自然环境观，陵墓建筑则记录了古代社会的历史和文化传承。

（二）古代建筑的主要风格

古代建筑在风格上多种多样，体现了不同地域、不同民族的文化特色和审美追求。首先，中国建筑风格以木构架为主要特点，注重对称和平衡，追求与自然的和谐统一。这种风格在建筑布局、造型、材料和装饰等方面都有独特的表现，如屋顶的曲线、斗拱的结构、檐口的装饰等，都体现了中国建筑风格的独特魅力。

其次，欧洲建筑风格也独具特色。例如，哥特式建筑以其高耸的尖塔、华丽的彩绘玻璃和飞扶壁等特征而著称，体现了中世纪欧洲社会的宗教信仰和文化传统。巴洛克建筑则以其宏伟壮观的立面、动态的空间布局和丰富的装饰细节而著名，展示了文艺复兴时期欧洲社会的繁荣和自信。

此外，古代建筑还包括伊斯兰建筑风格、印度建筑风格等多种类型。这些风格在建筑形式、装饰艺术和文化内涵等方面都有独特的表现，体现了不同地域和民族的文化特色和审美追求。

（三）古代建筑类型与风格的地域特色

古代建筑的类型与风格往往与地域特色紧密相连。不同地域的自然环境、气候条件、文化传统和社会结构等因素都会影响当地建筑的类型和风格。例如，中国的南方地区气候湿润、雨水充沛，因此民居建筑多采用坡屋顶、小天井等设计，以适应潮湿的气候环境。而北方地区气候干燥、寒冷，因此民居建筑多采用厚墙、小窗等设计，以保暖防风。

同样，欧洲的建筑风格也体现了地域特色。例如，意大利的罗马式建筑以其厚重的墙体、半圆形的拱门和朴素的装饰而著称，体现了古罗马文化的传承和发展。而法国的哥特式建筑则以其高耸的尖塔、华丽的彩绘玻璃和飞扶壁等特征而著名，展示了法国文化的独特魅力。

（四）古代建筑类型与风格的文化内涵

古代建筑不仅是技术和艺术的结晶，更是文化和历史的载体。不同类型的建筑和风格都蕴含着丰富的文化内涵和历史信息。例如，中国的宫殿建筑体现了古代社会的政治制度和皇权思想，寺庙建筑则反映了古代社会的宗教信仰和文化传统。同时，这些建筑还展示了古代人民的智慧和创造力，如独特的建筑技术、精美的装饰艺术等，都是古代文化的珍贵遗产。

此外，古代建筑的类型与风格还体现了不同地域和民族的文化交流和融合。例如，丝绸之路的开通促进了中西方文化的交流和融合，这种交流和融合在建筑领域也有明显的体现。如中亚地区的伊斯兰建筑风格就受到了中国、印度等多种文化的影响，形成了独特的建筑风貌。

三、古代建筑的特色构件与装饰

（一）特色构件的历史与文化意义

古代建筑的特色构件不仅是建筑技术和艺术的体现，更是承载着深厚的历史和文化意义。这些特色构件不仅是古代建筑师们智慧的结晶，也是当时社会、文化和宗教信仰的反映。例如，在中国古代建筑中，斗拱作为一种独特的结构构件，不仅具有承重和装饰的功能，更象征着封建社会的等级和权力。斗拱的层数、大小、雕刻等细节都反映了建筑的等级和主人的身份地位。

在欧洲建筑中，飞扶壁作为一种特色构件，不仅为教堂提供了额外的支撑力，使得教堂能够建造得更高、更大，同时也成了哥特式建筑的标志性特征之一。飞扶壁的设计体现了中世纪欧洲社会对宗教信仰的虔诚和追求。

（二）特色构件的构造与功能

古代建筑的特色构件在构造上往往具有独特的特点，这些特点不仅体现了古代建筑师的智慧，也展现了不同地域和文化的建筑技术。以中国古代建筑的斗拱为例，它由斗、拱、昂、升等构件组成，通过榫卯结构相互连接，形成一个稳定的整体。斗拱不仅具有承重的作用，还能够将屋顶的重量均匀地传递到柱子上，增强了建筑的结构稳定性。同时，斗拱还具有装饰的功能，其精美的雕刻和图案为建筑增添了艺术气息。

在欧洲建筑中，飞扶壁同样展示了古代建筑师的智慧和技巧。飞扶壁通过从侧墙挑出的拱形结构，将教堂的侧推力传递到外部，从而平衡了教堂内部的重量。这种设计不仅解决了教堂建造中的技术难题，还使得教堂的外观更加独特和壮观。

（三）装饰艺术的多样性与表现力

古代建筑的装饰艺术具有多样性和表现力强的特点。这些装饰不仅具有美观的视觉效果，更能够体现古代社会的文化特色和审美观念。在中国古代建筑中，屋顶的装饰是其独特的特色之一。屋顶的檐口、脊饰、瓦当等部分都经过精心设计和雕刻，形成了丰富多彩的装饰图案。这些图案往往以动物、植物、文字等为主题，寓意着吉祥、祈福和传统文化等意义。

在欧洲建筑中，彩绘玻璃是教堂装饰的重要元素之一。这些玻璃上绘制着各种宗教故事和人物，通过光线的折射和反射，形成了色彩斑斓、如梦如幻的视觉效果。这种装饰方式不仅展现了中世纪欧洲社会的宗教信仰和文化传统，也为教堂增添了神秘和庄严的氛围。

（四）特色构件与装饰在现代建筑中的应用

古代建筑的特色构件与装饰对现代建筑产生了深远的影响。许多现代建筑师在设计中借鉴了古代建筑的元素和风格，将其融到现代建筑中，形成了独特的建筑风貌。例如，在现代建筑中，斗拱和飞扶壁等特色构件被重新诠释和应用，成了现代建筑中的独特元素。同时，古代建筑的装饰艺术也为现代建筑提供了丰富的灵感来源。现代建筑师们通过运用新材料、新技术和新工艺等手段，将古代装饰艺术中的图案、色彩和造型等元素融到现代建筑设计中，使得现代建筑在保持现代感的同时，也具有了深厚的历史和文化底蕴。

第二节　皇家建筑与宫殿文化

四、古代建筑在现代社会的价值与影响

（一）历史文化的传承与弘扬

古代建筑作为人类历史文化的瑰宝，承载着丰富的历史信息和文化内涵。在现代社会，古代建筑的价值首先体现在对历史文化的传承与弘扬上。通过对古代建筑的保护、修复和研究，我们可以深入了解古代社会的政治制度、经济状况、宗教信仰、审美观念等方面的信息，从而更好地认识和理解我们的历史和文化。同时，古代建筑也是传承和弘扬民族优秀文化的重要载体，通过展示古代建筑的独特魅力和艺术价值，可以激发人们的文化自信和民族自豪感。

在现代社会，许多国家和地区都高度重视古代建筑的保护和传承工作。例如，中国政府实施了多项文化遗产保护工程，对故宫、颐和园等古代建筑进行了保护和修复，使得这些珍贵的文化遗产得以保存下来，并为后人所传承。同时，各地还举办了各种展览、讲座等活动，向公众普及古代建筑的历史和文化知识，增强了公众对文化遗产的认识和保护意识。

（二）城市建设的借鉴与启示

古代建筑在现代社会还具有重要的借鉴和启示作用。古代建筑师们通过长期的实践积累和创新发展，形成了独特的建筑技术和艺术风格。这些技术

和风格不仅在当时具有先进性，而且对现代城市建设具有重要的启示意义。

首先，古代建筑在规划布局上注重整体性和和谐性。例如，中国古代城市的规划布局通常采用"棋盘式"或"轴线式"布局，强调对称和平衡，使得城市空间呈现出一种有序且和谐的美感。这种规划理念对现代城市规划具有重要的借鉴意义，可以帮助我们创造出更加宜居和美丽的城市环境。

其次，古代建筑在建筑材料和构造技术上也具有独特的优势。例如，中国古代建筑采用木构架结构体系，不仅具有良好的抗震性能，而且可以根据需要进行灵活改建和扩建。这种建筑技术对于现代建筑设计和施工具有重要的启示作用，可以帮助我们提高建筑的安全性和可持续性。

（三）旅游经济的推动与发展

古代建筑作为重要的旅游资源，对推动旅游经济的发展具有重要作用。许多古代建筑因其独特的历史文化和艺术价值而吸引了大量游客前来参观和游览，从而带动了当地旅游业的繁荣和发展。

通过保护和开发古代建筑资源，可以打造具有地方特色的旅游品牌和旅游线路，吸引更多的游客前来参观和消费。同时，旅游业的发展还可以带动相关产业的发展，如餐饮、住宿、交通等服务业的繁荣，为当地经济注入新的活力。

（四）国际交流与合作的桥梁

古代建筑作为人类共同的文化遗产，在国际交流与合作中发挥着重要作用。通过对古代建筑的保护和研究，可以促进不同国家和地区之间的文化交流和相互理解，增进各国人民之间的友谊和合作。

在国际交流中，古代建筑可以作为重要的文化名片和交流平台。通过举办国际性的古建筑展览、研讨会等活动，可以促进各国学者和专家之间的交流与合作，共同推动古建筑保护和研究工作的深入发展。同时，古代建筑也可以作为国际旅游的重要资源，吸引外国游客前来参观和体验，从而推动国际旅游业的繁荣和发展。

二、宫殿文化的内涵与表现

（一）宫殿文化的历史渊源与象征意义

宫殿文化，作为古代文明的瑰宝，其历史渊源深远。自古以来，宫殿不仅是帝王居住和处理政务的场所，更是国家权力与尊严的象征。宫殿的建造，不仅体现了当时社会的经济、技术和艺术水平，也反映了统治者对宇宙、自然和社会的认知与理解。宫殿文化的象征意义在于其代表了皇权的至高无上、国家的繁荣昌盛以及文化的博大精深。

从历史渊源来看，宫殿文化的形成、发展与古代社会的政治、经济和文化背景密不可分。在中国，宫殿文化最早可以追溯到商周时期的宫室制度，经过秦汉、隋唐、宋元明清等朝代的不断发展和完善，形成了独具特色的中国宫殿文化。在欧洲，古罗马时期的皇宫、中世纪的城堡以及文艺复兴时期的宫殿等，也都体现了宫殿文化的历史渊源和象征意义。

（二）宫殿建筑的艺术特色与审美价值

宫殿建筑作为宫殿文化的重要载体，其艺术特色与审美价值是宫殿文化的重要表现。宫殿建筑通常具有雄伟壮观、富丽堂皇的特点，其建筑风格和装饰艺术都体现了古代社会的审美观念和艺术水平。

在中国，宫殿建筑通常采用中轴线对称布局，以显示皇权的庄重和威严。建筑造型上，宫殿建筑注重线条的流畅和比例的协调，使得建筑整体呈现出一种和谐统一的美感。在装饰艺术上，宫殿建筑采用了雕刻、彩绘、镶嵌等多种手法，使得建筑表面呈现出丰富多彩、精美绝伦的视觉效果。这些艺术特色与审美价值不仅体现了古代社会的审美观念，也为后世留下了宝贵的文化遗产。

在欧洲，宫殿建筑同样具有独特的艺术特色与审美价值。例如，巴洛克风格的宫殿建筑以其独特的曲线造型和丰富的装饰细节而著称；而洛可可风格的宫殿建筑则以其轻盈、优雅和细腻的特点而备受推崇。这些不同风格的宫殿建筑都体现了古代社会的审美观念和艺术追求。

（三）宫殿文化的礼仪制度与宫廷生活

宫殿文化的另一个重要表现是礼仪制度与宫廷生活。在古代社会，宫殿是皇权的象征和权力的中心，因此宫殿内的礼仪制度也极为严格和烦琐。这些礼仪制度不仅体现了皇权的尊严和威严，也反映了古代社会的等级观念和道德规范。

宫廷生活是宫殿文化的重要组成部分。在宫殿中，皇帝和皇后以及众多宫女、太监等人员共同构成了一个庞大的宫廷生活体系。宫廷生活的内容丰富多样，包括宴会、祭祀、娱乐、学习等多个方面。这些活动不仅体现了皇权的奢华和尊贵，也反映了古代社会的风俗习惯和文化传统。

（四）宫殿文化的现代价值与传承发展

宫殿文化作为古代文明的重要遗产，在现代社会仍然具有重要的价值和意义。首先，宫殿文化具有重要的历史研究价值，通过对宫殿文化的研究可以深入了解古代社会的政治、经济和文化状况。其次，宫殿文化也是传承和弘扬传统文化的重要载体，通过对宫殿文化的传承和发展可以增强民族自信心和文化认同感。

在现代社会，随着城市化进程的加快和人们生活方式的改变，宫殿文化的传承和发展面临着诸多挑战。因此，我们需要采取多种措施来保护和传承宫殿文化。例如，加强宫殿建筑的保护和修复工作；挖掘和整理宫殿文化的历史资料；开展宫殿文化的教育和宣传活动；推动宫殿文化与现代生活的融合等。通过这些措施的实施可以推动宫殿文化的传承和发展并为现代社会注入新的文化活力。

三、著名宫殿的赏析与比较

（一）建筑风格与布局设计的赏析

在赏析著名宫殿时，我们首先关注的是其独特的建筑风格和布局设计。不同地域和时代的宫殿在风格和布局上展现出迥异的特色。例如，中国的故宫以其严谨的中轴线对称布局和宏伟的宫殿建筑群著称，体现了中国古代皇权的威严与庄重。而法国的凡尔赛宫则以其巴洛克和洛可可风格的混合、宏大的轴线布局和丰富的园林景观展现了欧洲古典宫殿的奢华与浪漫。

在赏析过程中，我们不仅要关注宫殿的外部形态，还要深入探究其内部空间的组织、功能的划分以及细节的处理。故宫的宫殿建筑采用木质结构，屋顶采用黄色琉璃瓦，檐角起翘，檐下斗拱层叠，展现了中华民族独特的建筑美学。而凡尔赛宫的宫殿则采用石材建造，立面构图严谨，装饰繁复，充满了巴洛克风格的华丽与繁复。

（二）历史文化背景的解析

著名宫殿往往承载着丰富的历史文化背景。通过解析这些背景，我们可以更深入地理解宫殿的文化内涵和历史价值。故宫作为明清两代的皇家宫殿，见证了中国封建社会的兴衰和皇权的更迭。其建筑风格和布局反映了古代中国的政治、经济和文化状况，是研究中国古代历史的重要物证。而凡尔赛宫则是法国君主专制制度的象征，其建造过程反映了当时法国社会的政治、经济和文化状况，也体现了欧洲文艺复兴和巴洛克时期的艺术风格。

在解析历史文化背景时，我们需要关注宫殿的建造时间、地点、建造者以及当时的政治、经济和文化环境。这些因素共同构成了宫殿的历史文化背景，也决定了宫殿的文化内涵和历史价值。

（三）艺术表现与审美价值的比较

著名宫殿在艺术表现和审美价值上各有千秋。通过比较不同宫殿的艺术特色和审美价值，我们可以更全面地了解宫殿文化的多样性和丰富性。故宫在建筑艺术上追求对称与和谐，其宫殿建筑造型严谨、比例匀称、线条流畅、色彩鲜艳明快。同时，故宫的装饰艺术也极为丰富，包括雕刻、彩绘、镶嵌等多种手法，使得整个宫殿群呈现出一种庄重而华丽的美感。

凡尔赛宫则以其宏伟的轴线布局、精美的装饰和丰富的园林景观著称。其宫殿建筑立面构图严谨、装饰繁复、色彩鲜艳明快，体现了巴洛克风格的华丽与繁复。同时，凡尔赛宫的园林景观也极为丰富，包括草坪、喷泉、雕塑等多种元素，使得整个宫殿群呈现出一种浪漫而优雅的美感。

在比较艺术表现与审美价值时，我们需要关注宫殿的建筑风格、装饰艺术、园林景观以及整体布局等方面。通过对比不同宫殿的特点和差异，我们可以更全面地了解宫殿文化的多样性和丰富性。

（四）现代意义与传承发展的思考

著名宫殿不仅是古代文明的瑰宝，也是现代社会的宝贵财富。通过思考宫殿的现代意义和传承发展问题，我们可以更好地保护和利用这些文化遗产。在现代社会，宫殿文化具有重要的历史研究价值、文化传承价值以及旅游开发价值。通过对宫殿文化的挖掘和整理，我们可以更深入地了解古代社会的历史和文化；通过对宫殿的保护和修复，我们可以让这些文化遗产得以传承和延续；通过对宫殿的旅游开发，我们可以促进当地经济的发展和文化的传播。

在思考现代意义与传承发展问题时，我们需要关注宫殿的保护、修复、传承和利用等方面。通过制定科学的保护规划和修复方案，加强宫殿的保护和修复工作；通过挖掘和整理宫殿的历史和文化资料，加强宫殿文化的传承和弘扬；通过开发具有特色的旅游产品和文化活动，促进宫殿文化的旅游开发和文化传播。通过这些措施的实施，我们可以让著名宫殿在现代社会中焕发出新的生机和活力。

第三节　园林艺术与审美追求

一、园林艺术的起源与发展

（一）园林艺术的起源

园林艺术的起源可以追溯到古代社会，其诞生与古代文明的发展紧密相连。在古代，人们开始意识到自然环境对人类生活的重要性，并尝试通过人工手段对自然环境进行改造和美化。最早的园林形式可能是出于祭祀、宗教或生活需要而产生的，如古代埃及的神庙花园、古代希腊的神庙庭院等。这些早期的园林形式虽然简单，但已经具备了园林艺术的基本要素：空间布局、植物配置、水体设计等。

在中国，园林艺术的起源可以追溯到商代和西周时期。当时的园林大多是贵族和皇室的居所，以山水之美为主题，追求景观的自然性和艺术性的结合。这些古代园林通过山、水、建筑、植物等元素的融合，形成了独特的景观，展示了古代中国人对自然环境的独特理解和美学追求。同时，人们还制作了许多以园林为主题的文学、绘画和音乐作品，进一步丰富了园林艺术的内涵和表现形式。

（二）园林艺术的发展初期

随着社会的发展和人们审美观念的变化，园林艺术逐渐从简单的形式发展到更为复杂和精致的阶段。在园林艺术的发展初期，人们开始注重园林的空间布局和景观营造。通过精心设计和巧妙布局，园林中的各个元素得以和谐统一，形成了独特的园林风格。同时，人们还开始注重园林的文化内涵和象征意义，通过园林来表达自己的情感和思想。

在中国，园林艺术的发展初期可以追溯到春秋战国时期。当时的园林以自然山水为主题，追求景观的自然性和野趣。到了秦汉时期，园林艺术得到了进一步的发展，出现了许多规模宏大的皇家园林和私家园林。这些园林在布局和景观营造上更加精细和复杂，展示了当时社会的繁荣和文化的昌盛。同时，人们还开始注重园林的文化内涵和象征意义，通过园林来表达对皇权的尊崇和对自然的敬畏。

（三）园林艺术的鼎盛时期

到了宋代，园林艺术达到了鼎盛时期。当时的皇家园林、私家园林和寺庙园林都达到了前所未有的高度。在园林的布局和景观营造上，人们更加注重细节和精致性，追求一种自然与人工相融合的境界。同时，园林中的建筑和植物也被巧妙地融入其中，增添了艺术的气息和韵味。这些园林作品不仅展示了中国古代文人士大夫的审美情趣，也是中国传统文化的重要遗产。

在中国，宋代的园林艺术以"写意"为主要特点。园林中的山水、建筑、植物等元素都经过精心的选择和布局，以表达一种深远的意境和情感。例如，拙政园中的"远香堂""荷风四面亭"等景点都充满了诗情画意，展现了园林艺术的独特魅力。

（四）园林艺术的现代发展

随着现代社会的发展和人们审美观念的变化，园林艺术也在不断发展和创新。现代园林艺术在继承传统园林艺术的基础上，更加注重科学性和功能性。在园林的设计和规划中，人们开始运用现代科技手段来营造更加舒适、美观和环保的园林环境。同时，现代园林艺术还注重与其他艺术形式的融合和创新，形成了更加多元化和包容性的艺术风格。

在现代社会，园林艺术已经成为城市建设和人们生活中不可或缺的一部分。通过园林的设计和营造，人们可以创造出一个美丽、舒适和宜居的环境，提高生活质量和社会福祉。同时，园林艺术也是传承和弘扬传统文化的重要途径之一，通过园林的展示和传承，可以让更多的人了解和欣赏到中国传统文化的博大精深。

二、园林的主要类型与风格

（一）皇家园林的辉煌与庄严

皇家园林，作为园林艺术的重要类型之一，其特点在于规模宏大、气势磅礴，体现了皇权的威严与尊贵。皇家园林的建造往往集中了全国最优秀的工匠和艺术家，通过精心规划和设计，打造出具有独特艺术魅力的园林景观。

皇家园林的布局通常以宫殿为中心，四周环绕着湖泊、假山、花坛等自然景观。湖泊中常设有精致的亭台楼阁，与周围的自然景观相映成趣，形成了一幅幅美丽的画卷。假山则通过人工堆叠，模拟出自然山峦的形态，给人以宁静、高远之感。花坛则种植着各种名贵的花卉，四季都有不同的花卉盛开，为园林增添了丰富的色彩和生机。

在皇家园林中，建筑也是重要的组成部分。宫殿、楼阁、亭台等建筑不仅具有实用性，同时也是园林中的艺术品。这些建筑通常采用精美的雕刻和彩绘，体现了古代工匠的高超技艺和审美追求。同时，建筑的形式和风格也与园林的整体风格相协调，共同营造出一个庄重、典雅的皇家园林氛围。

（二）私家园林的精致与细腻

与皇家园林相比，私家园林则更注重精致与细腻。私家园林通常规模较小，但布局精巧、设计巧妙，体现了主人独特的审美追求和生活品位。

私家园林的布局通常以水为中心，通过巧妙的引水、造桥、建亭等手段，营造出一种清新、雅致的水乡风情。在植物配置上，私家园林注重四季变化，种植着各种花卉和树木，形成了丰富的季相景观。同时，私家园林还善于运用山石、水体、建筑等元素，通过巧妙地组合和搭配，营造出一种宁静、和谐、优美的园林氛围。

在私家园林中，建筑也是重要的点缀。这些建筑通常小巧玲珑、精致典雅，与园林的整体风格相协调。建筑内部也装饰着各种精美的艺术品，如书画、瓷器、玉器等，体现了主人的文化素养和审美追求。

（三）寺庙园林的禅意与神秘

寺庙园林是园林艺术中独具特色的一种类型。它通常位于寺庙周围或内部，以禅意和神秘为主题，营造出一种宁静、超脱的氛围。

寺庙园林的布局通常以寺庙为中心，四周环绕着树木、竹林、花坛等自然景观。在植物配置上，寺庙园林注重常绿植物的种植，形成了郁郁葱葱、绿意盎然的景象。同时，寺庙园林还善于运用山石、水体等元素，通过巧妙的组合和搭配，营造出一种神秘、幽静的氛围。

在寺庙园林中，建筑也是重要的组成部分。这些建筑通常采用传统的寺庙建筑风格，如歇山顶、斗拱等，体现了古代工匠的高超技艺和审美追求。同时，建筑内部也装饰着各种佛教艺术品，如佛像、壁画等，展示了佛教文化的博大精深。

（四）现代园林的创新与多元

随着现代社会的发展和人们审美观念的变化，现代园林艺术也在不断发展和创新。现代园林在继承传统园林艺术的基础上，更加注重科学性和功能性，同时融入了现代科技元素和多元文化元素。

现代园林的布局和设计更加灵活多变，不再局限于传统的对称和规则布局。在植物配置上，现代园林注重生态性和可持续性，种植了更多的乡土植物和生态植物。同时，现代园林还善于运用新材料、新技术和新理念，打造出具有现代感和科技感的园林景观。

在现代园林中，建筑和景观的结合更加紧密。现代建筑和景观的融合不仅增强了园林的艺术性和观赏性，还提高了园林的实用性和舒适性。同时，现代园林还注重与周边环境的协调与融合，通过巧妙的规划和设计，打造出一个与自然环境和谐共生的现代园林空间。

三、园林中的景观元素与构造

（一）地形与地貌的塑造

地形与地貌是园林设计中不可或缺的景观元素之一，它们为园林空间提供了基础骨架和形态。地形设计涉及对自然地貌的利用和改造，以创造出符合园林主题和功能的空间布局。

在塑造地形时，设计师会考虑园林的整体风格和氛围，通过挖湖堆山、填沟造壑等手段，形成高低起伏、错落有致的地形景观。例如，在江南园林中，地形设计注重曲折蜿蜒、起伏跌宕，营造出一种"虽由人作，宛自天开"的自然意境。

同时，地形设计也考虑了排水、通风、光照等环境因素，以保证园林的舒适性和可持续性。在塑造地貌时，设计师会借鉴自然地貌的形态和特征，通过模拟、夸张等手法，创造出具有独特美感和象征意义的地貌景观。

（二）水体景观的营造

水体是园林中最为灵动和生动的景观元素之一，它能够为园林空间带来生机和活力。水体景观的营造涉及水池、溪流、湖泊、瀑布等多种形式，每种形式都有其独特的魅力和表现力。

水池作为园林中的点睛之笔，往往位于园林的中心或重要节点上，通过水面反射和倒影，营造出一种宁静、深远的空间感。溪流则以其流动的姿态和声音，为园林增添了动态美和音乐美。湖泊则以其宽广的水面和丰富的水生植物，营造出一种自然、生态的景观氛围。瀑布则以其磅礴的气势和飞溅的水珠，为园林带来了震撼力和冲击力。

在水体景观的营造中，设计师会考虑水体的形态、大小、深度、水质等因素，以及水体与周围环境的协调与融合。同时，设计师也会注重水体的生态功能和环保性，通过生态设计手法，保证水体的自然循环和生态平衡。

（三）植物景观的配置

植物是园林中最具生命力和变化性的景观元素之一，它能够为园林空间带来丰富的色彩、形态和质感。植物景观的配置涉及乔木、灌木、花卉、地被等多种植物类型，每种类型都有其独特的生态功能和美学价值。

在植物景观的配置中，设计师会考虑植物的生态习性、生长习性和观赏价值，以及植物与地形、水体、建筑等其他景观元素的协调与融合。通过巧妙的植物配置，可以营造出丰富的季相景观和层次分明的空间感。

同时，植物景观的配置也考虑了生态性和可持续性。设计师会注重乡土植物的运用和生态系统的保护，通过生态设计手法，保证植物群落的自然演替和生态平衡。此外，设计师还会考虑植物的养护管理和病虫害防治等问题，以保证植物景观的长期稳定性和美观性。

（四）建筑与小品的点缀

建筑与小品是园林中的点睛之笔，它们能够为园林空间增添独特的魅力和文化内涵。建筑通常包括亭台楼阁、轩榭廊桥等类型，每种类型都有其独特的形态和风格。小品则包括雕塑、石刻、假山石等类型，它们以其精致的工艺和独特的文化内涵，为园林增添了丰富的艺术元素。

在建筑与小品的设计中，设计师会考虑其与周围环境的协调与融合，以及其在园林空间中的功能和作用。通过巧妙的布局和设计，建筑与小品可以成为园林空间中的视觉焦点和精神寄托。同时，它们也可以为游客提供休息、观赏和交流的场所，增强游客的参与感和体验感。

四、园林艺术在现代社会的应用与创新

（一）城市公共空间的园林化

随着城市化进程的加速，城市公共空间成为居民日常生活的重要组成部分。园林艺术在现代社会中的首要应用之一便是城市公共空间的园林化。这包括公园、广场、街道绿地等空间的绿化和景观设计。

园林艺术为城市公共空间注入了生态元素和美学价值，使城市空间更加宜居和美观。通过合理的植物配置、地形塑造和水体景观营造，园林化的城市公共空间不仅提升了城市的绿化覆盖率，还提高了空气质量，为居民提供了休闲、娱乐和运动的场所。

此外，园林艺术在城市公共空间中的应用还体现了对传统文化的传承和创新。设计师在园林设计中融入传统文化元素，如古典园林的造园手法、传统建筑符号等，使现代城市空间与传统文化相交融，营造出具有地方特色的城市风貌。

（二）生态修复与园林设计

现代社会面临着环境污染、生态破坏等严重问题，园林艺术在生态修复中发挥着重要作用。通过植被恢复、湿地保护、土壤改良等手段，园林设计可以促进生态系统的自我修复和再生。

在生态修复项目中，园林设计师运用生态学原理，选择适宜的植物种类和配置方式，构建稳定的植物群落，提高生态系统的稳定性和抗干扰能力。同时，园林设计还注重生态系统的连通性和完整性，通过建设生态廊道、绿色屏障等措施，促进生态系统的物质循环和能量流动。

园林艺术在生态修复中的应用不仅有助于提高环境质量，还提高了公众对环境保护的意识。通过展示生态修复的成果和效益，园林设计引导人们关注自然环境和生态保护，推动社会可持续发展。

（三）绿色建筑与园林融合

绿色建筑是现代社会追求可持续发展的重要方向之一，园林艺术与绿色建筑的融合成为现代园林设计的重要趋势。绿色建筑注重建筑与环境的和谐共生，通过节能、减排、绿色建材等手段降低建筑对环境的负面影响。

在绿色建筑中，园林设计发挥着重要作用。设计师通过合理的植物配置和景观设计，为建筑提供遮阳、降温、净化空气等生态服务，同时美化建筑外观和周边环境。此外，园林设计还注重绿色建筑内部的绿色空间营造，如室内绿化、屋顶花园等，为居住者提供舒适、健康的居住环境。

园林艺术与绿色建筑的融合不仅提高了建筑的生态性能和舒适度，还推动了园林设计向更高层次发展。设计师在追求美学价值的同时，更加注重园林设计的实用性和可持续性，为现代社会创造更加绿色、健康的居住环境。

（四）科技在园林艺术中的应用

随着科技的进步，现代园林设计中越来越多地融入了科技元素。科技的应用为园林设计带来了更多的可能性和创新空间。

首先，智能灌溉系统、土壤监测技术等现代科技手段在园林养护管理中的应用，提高了园林植物的成活率和生长质量。这些技术能够实时监测土壤湿度、养分等参数，为植物提供精准的水分和养分供应，降低养护成本，提高园林的整体品质。

其次，虚拟现实、增强现实等技术在园林设计中的应用，为设计师提供了更加直观、高效的设计工具。设计师可以通过虚拟现实技术模拟出园林空间的实际效果，进行多次修改和优化，提高设计方案的可行性和满意度。同时，增强现实技术还可以将园林设计方案以更加生动、形象的方式展示给公众，提高公众对园林设计的认识和参与度。

此外，随着物联网、大数据等技术的发展，园林设计也逐渐向智能化、信息化方向发展。通过收集和分析园林空间的使用数据、环境数据等信息，设计师可以更加精准地把握园林空间的需求和变化，为园林设计提供更加科学、合理的依据。这些技术的应用不仅提高了园林设计的效率和质量，还为园林艺术的创新和发展提供了更多的可能性。

第四节　传统建筑在现代社会的应用

一、传统建筑在城市建设中的融合

（一）传统建筑的历史价值与文化传承

传统建筑作为城市历史与文化的重要载体，其融合于现代城市建设中，首先体现的是对历史价值的尊重与文化传承的延续。传统建筑不仅是城市历史的见证，更是文化、艺术和技术等多方面价值的体现。在现代城市建设中，通过保留、修复和再利用传统建筑，可以使其独特的文化魅力和历史价值得以传承和发扬。

首先，传统建筑承载着丰富的历史信息，是城市记忆的重要组成部分。在城市建设中，应充分考虑传统建筑的历史价值，通过科学合理的规划和设计，将其融入现代城市空间，使其成为城市文化的独特标志。同时，对传统建筑的修复和再利用，也是对历史文化的尊重和保护，有利于增强市民的文化认同感和归属感。

其次，传统建筑在风格、材料和工艺等方面具有独特的艺术价值。通过与现代建筑元素的融合，可以创造出既有现代感又不失传统韵味的建筑风格。这种融合不仅丰富了现代城市的建筑形态，也促进了传统建筑艺术的创新和发展。

（二）传统建筑与现代城市功能的融合

在现代城市建设中，传统建筑与现代城市功能的融合是实现其可持续发展的关键。传统建筑在满足现代城市功能需求的同时，应保持其独特的文化特色和建筑风格。

首先，传统建筑在城市规划中的融合需要考虑其功能定位。通过对传统建筑的功能进行更新和改造，使其适应现代城市的发展需求。例如，将传统民居改造为民宿、文化创意产业空间等，不仅可以保护传统建筑，还能为城市带来新的经济增长点。

其次，传统建筑与现代城市基础设施的融合也是实现其功能性的重要途径。在保留传统建筑外观的基础上，通过内部结构的改造和升级，使其满足现代城市对安全、舒适、便捷等方面的要求。例如，对传统建筑进行抗震加固、节能改造等，提高其安全性和舒适度。

（三）传统建筑与现代生活方式的融合

传统建筑与现代生活方式的融合是实现其现代价值的重要途径。随着社会的发展和人们生活水平的提高，现代生活方式对居住环境提出了更高的要求。传统建筑在融合现代生活方式时，应注重其舒适性和实用性。

首先，传统建筑在内部空间布局和家具设计上应适应现代人的生活习惯。通过合理的空间规划和家具设计，使传统建筑在满足现代生活需求的同时，保持其独特的文化韵味。

其次，传统建筑在节能环保方面也应与现代生活方式相融合。通过采用现代节能技术和环保材料，降低传统建筑的能耗和污染排放，实现其可持续发展。

（四）传统建筑在城市景观中的融合

传统建筑在城市景观中的融合是提升城市形象和文化品位的重要手段。通过科学合理的规划和设计，将传统建筑融入现代城市景观中，可以营造出既有现代感又不失传统韵味的城市风貌。

首先，在城市规划中应充分考虑传统建筑的位置和布局。通过合理的规划和设计，使传统建筑与现代建筑相互呼应、相互衬托，形成独特的城市景观。

其次，在城市景观设计中应注重传统建筑的文化内涵和艺术价值。通过运用现代设计手法和技术手段，将传统建筑的文化元素和艺术特色融入城市景观中，使城市景观更加丰富多彩、具有独特魅力。

二、传统建筑在旅游开发中的作用

（一）传统建筑作为旅游资源的独特魅力

传统建筑作为旅游资源的独特魅力，首先体现在其深厚的历史文化底蕴上。这些建筑承载着丰富的历史信息和文化记忆，通过游览传统建筑，游客可以深入了解和感受一个地区或国家的历史文化，获得一种独特的文化体验。例如，中国的故宫、长城等古建筑，不仅是中国古代文明的象征，也是吸引全球游客的重要旅游资源。

此外，传统建筑在美学价值上也具有独特的魅力。它们的建筑风格、装饰艺术、空间布局等，都体现了不同历史时期和地域的文化特色和审美追求。游客在欣赏这些建筑时，可以感受到不同文化的独特魅力和艺术价值，获得一种美的享受。

（二）传统建筑在旅游开发中的经济作用

传统建筑在旅游开发中的经济作用主要体现在以下几个方面。首先，传统建筑作为旅游资源，可以吸引大量游客前来参观游览，为当地带来可观的门票收入。其次，游客在游览过程中，还会产生餐饮、住宿、交通等相关消费，进一步拉动当地经济的发展。此外，传统建筑的旅游开发还可以带动相关产业的发展，如旅游纪念品、文化创意产业等，形成多元化的产业结构。

在促进地方经济发展方面，传统建筑旅游开发具有显著的优势。通过挖掘和利用传统建筑资源，可以推动当地旅游业的繁荣发展，提高当地的经济水平和居民生活水平。同时，传统建筑的旅游开发还可以促进当地文化产业的发展，增强文化的软实力和竞争力。

（三）传统建筑在旅游开发中的文化作用

传统建筑在旅游开发中的文化作用主要体现在以下几个方面。首先，传统建筑是历史文化的载体，通过游览传统建筑，游客可以更加深入地了解和认识一个地区或国家的历史文化。其次，传统建筑在传承和弘扬民族文化方面也具有重要作用。在旅游开发中，可以通过展示和介绍传统建筑的文化内涵和艺术特色，让游客更加深入地了解和感受民族文化的独特魅力。

此外，传统建筑在旅游开发中还可以促进不同文化之间的交流和融合。随着全球化的加速和旅游业的发展，越来越多的游客来自不同的国家和地区，他们通过游览传统建筑，可以更加深入地了解和认识不同文化之间的差异和联系，促进不同文化之间的交流和融合。

（四）传统建筑在旅游开发中的社会作用

传统建筑在旅游开发中的社会作用主要体现在以下几个方面。首先，传统建筑的旅游开发可以提高当地居民的文化自豪感和认同感。通过挖掘和利用传统建筑资源，可以让当地居民更加深入地了解和认识自己的文化根源和特色，增强文化自信心和归属感。

其次，传统建筑的旅游开发还可以促进社会的和谐发展。在旅游开发中，需要充分考虑当地居民的利益和需求，通过合理的规划和设计让当地居民从旅游发展中受益。同时，传统建筑的旅游开发还可以促进社会的文化交流和融合，增强不同社会群体之间的了解和信任。

最后，传统建筑的旅游开发还可以提高公众对文化遗产保护的意识。在旅游开发中，需要加强对传统建筑的保护和管理，让游客更加深入了解和认识文化遗产的重要性和价值。通过旅游开发的方式让公众更加关注和重视文化遗产的保护工作，为文化遗产的传承和发展创造良好的社会氛围。

三、传统建筑在文化遗产保护中的地位

（一）传统建筑是文化遗产的重要组成部分

传统建筑作为文化遗产的重要组成部分，承载着丰富的历史信息和文化记忆。它们是过去时代的物质遗存，反映了不同历史时期和地域的文化特色、审美观念和社会生活。传统建筑不仅是历史的见证者，更是文化的传承者，它们通过建筑的形式、材料和技艺，将历史文化信息传递给后人，成为我们了解和研究历史文化的重要载体。

在文化遗产保护中，传统建筑的保护显得尤为重要。因为它们是不可再生的资源，一旦破坏就无法恢复。因此，我们必须加强对传统建筑的保护和管理，确保它们能够完整地保存下来，为后人留下宝贵的历史文化遗产。

（二）传统建筑在文化遗产保护中的价值体现

传统建筑在文化遗产保护中的价值主要体现在以下几个方面。首先，它们具有历史价值，能够真实地反映过去时代的社会生活和文化风貌，为我们

提供了研究历史文化的实物资料。其次，传统建筑具有艺术价值，它们的建筑风格、装饰艺术和空间布局等都具有独特的艺术魅力，是艺术创作的灵感来源。此外，传统建筑还具有科学价值，它们的建筑材料、结构设计和施工技术等都体现了当时的科技水平，为现代建筑技术提供了借鉴和参考。

在文化遗产保护中，我们需要充分认识传统建筑的价值，并采取相应的措施进行保护。这包括加强法律法规的制定和实施，提高公众的文化遗产保护意识，加强对传统建筑的修复和维护等。通过这些措施的实施，可以确保传统建筑得到有效的保护和传承。

（三）传统建筑在文化遗产保护中的传承与创新

在文化遗产保护中，传统建筑的传承与创新是相辅相成的。传承意味着对传统建筑的保护和传承，保持其历史和文化特色；而创新则是在传承的基础上，结合现代科技和审美观念对传统建筑进行改造和提升。

在传承方面，我们需要加强对传统建筑的研究和认识，了解其历史和文化背景，掌握其建筑特点和风格。同时，我们还需要加强对传统建筑的修复和维护工作，确保它们能够完整地保存下来。在创新方面，我们可以借鉴现代科技和审美观念对传统建筑进行改造和提升。例如，在保留传统建筑外观的基础上，采用现代建筑材料和施工技术进行加固和改造；在保护传统建筑的同时，引入现代的功能布局和设施设备等。这些创新措施可以使传统建筑更加适应现代社会的需求和发展。

（四）传统建筑在文化遗产保护中的社会意义

传统建筑在文化遗产保护中的社会意义主要体现在以下几个方面。首先，它们能够增强民族自豪感和文化自信心。传统建筑是民族文化的重要载体之一，通过对传统建筑的保护和传承，可以激发人们对民族文化的认同感和自豪感。其次，传统建筑能够促进社会和谐与文化交流。传统建筑不仅是历史的见证者，更是文化的传承者。通过游览传统建筑，人们可以更加深入地了解不同地区的历史文化和风土人情，促进不同文化之间的交流和融合。最后，传统建筑还能够带动旅游业的发展和经济繁荣。作为重要的旅游资源之一，传统建筑可以吸引大量游客前来参观游览，为当地经济发展注入新的活力。

　　在文化遗产保护中，我们需要充分认识传统建筑的社会意义，并采取相应的措施进行保护。这包括加强宣传和教育工作，提高公众的文化遗产保护意识；加大政府部门的监管和管理力度，确保传统建筑得到有效的保护和传承；同时还需要加强国际合作和交流，共同推动文化遗产保护事业的发展。

第五章 中华传统艺术与审美观念

第一节 传统审美观念与现代审美趋势

一、传统审美观念的特点

（一）深厚的历史文化底蕴

传统审美观念的特点之一是其深厚的历史文化底蕴。这种底蕴源于千百年来文化的积淀和传承，是民族智慧和审美经验的结晶。传统审美观念往往承载着丰富的历史信息和文化内涵，通过世代相传，形成了独特的审美标准和价值取向。

首先，传统审美观念的形成与历史发展密切相关。在不同的历史时期，社会的政治、经济、文化等因素都会对传统审美观念产生影响，使其呈现出不同的特点和倾向。例如，在古代中国，儒家思想对审美观念的影响深远，强调"中庸之道"和"和谐之美"，这种审美观念在诗词、绘画、建筑等艺术形式中得到了充分体现。

其次，传统审美观念的文化内涵丰富多样。它涵盖了文学、艺术、哲学、宗教等多个领域，形成了独特的文化体系和审美标准。这些审美标准不仅体现了民族文化的独特性和多样性，也反映了民族精神和文化追求。例如，在中国传统审美观念中，"意境"是一个重要的审美范畴，它强调通过艺术表现达到超越物质世界的精神境界。

（二）注重和谐统一

传统审美观念在审美标准上往往注重和谐统一。这种和谐统一不仅体现在艺术作品的内部结构和形式美上，也体现在艺术作品与自然环境、社会生活的和谐统一上。

首先，在艺术作品内部，传统审美观念强调形式与内容的和谐统一。艺术作品的形式要服务于内容，通过形式美来展现内容美。同时，艺术作品的结构、色彩、线条等要素也要相互协调、相互映衬，形成和谐统一的整体效果。例如，在中国传统绘画中，画家注重画面的构图和布局，追求"经营位置"和"计白当黑"的和谐统一。

其次，在艺术作品与自然环境、社会生活的关系上，传统审美观念也强调和谐统一。艺术作品要反映自然的美和社会的和谐，通过艺术表现来传达人与自然、人与社会之间的和谐关系。例如，在中国传统园林艺术中，园林设计注重与自然环境相协调，追求"虽由人作，宛自天开"的和谐效果。

（三）追求精神内涵

传统审美观念在审美追求上往往注重精神内涵。它强调艺术作品不仅要具有形式美，更要具有深刻的思想内涵和精神价值。

首先，传统审美观念注重艺术作品的思想性。艺术作品要能够传达一定的思想观念和道德价值，通过艺术表现来引领社会风尚和道德观念。例如，在中国传统文学中，诗词歌赋往往承载着作者的思想感情和道德追求，通过艺术表现来传达对人生、社会、自然的思考和感悟。

其次，传统审美观念注重艺术作品的精神性。艺术作品要能够触动人的心灵，引发人的情感共鸣和精神思考。它追求的是一种超越物质世界的精神境界和情感体验。例如，在中国传统音乐中，乐曲往往能够引发人的情感共鸣和心灵震撼，通过音乐表现来传达一种深邃的精神内涵和情感体验。

（四）强调个性与创造

传统审美观念在审美标准上虽然注重和谐统一和追求精神内涵，但并不排斥个性与创造。相反，它鼓励艺术家在遵循传统审美标准的基础上发挥个人才能和创造力，创作出具有独特个性和风格的艺术作品。

首先，传统审美观念尊重艺术家的个性和才能。它认为每个艺术家都有自己独特的审美追求和创作风格，应该得到充分的尊重和支持。因此，在传统艺术领域中，我们可以看到各种流派和风格并存的现象，这些流派和风格都体现了艺术家的个性和才能。

其次，传统审美观念鼓励艺术家的创新和创造。它认为艺术创作是一个不断探索和创新的过程，艺术家应该不断尝试新的表现手法和创作风格，推动艺术的不断发展和进步。因此，在传统艺术领域中，我们可以看到许多具有创新性和独特性的艺术作品不断涌现，这些作品不仅丰富了艺术的表现手法和形式美，也为传统艺术注入了新的活力和生命力。

二、现代审美趋势的变迁

（一）全球化与多元文化的交融

在全球化的时代背景下，现代审美趋势的变迁显著地表现为不同文化之间的交融与碰撞。随着信息技术和交通的发展，世界变得越来越"小"，各国文化之间的交流和融合成为常态。这种交融不仅体现在物质产品上，更深入地影响了人们的审美观念。

首先，全球化的趋势使得世界各地的艺术、设计、时尚等元素得以迅速传播，人们可以更加便捷地接触到不同文化的审美观念。这种接触促使人们开始重新审视自己的审美标准，接受并融合其他文化的审美元素。例如，在服装设计领域，东方元素与西方剪裁的结合成了一种新的时尚趋势。

其次，全球化也加剧了文化之间的竞争和冲突。在这种背景下，一些具有鲜明民族特色的文化元素开始受到重视和保护。人们开始意识到，保持文化的多样性和独特性同样重要。因此，在现代审美趋势中，我们可以看到一种既追求多元交融又强调文化独特性的现象。

（二）科技发展与审美体验的创新

科技的发展对现代审美趋势的变迁产生了深远的影响。从艺术创作的手段到审美体验的方式，科技都为我们带来了前所未有的创新。

首先，科技手段的进步为艺术创作提供了更多的可能性。数字艺术、虚拟现实、增强现实等技术的出现，使得艺术家能够以前所未有的方式表达自己的创意和想法。这些新技术不仅丰富了艺术的表现手法，也拓展了艺术的边界和领域。

其次，科技的发展也改变了人们的审美体验方式。通过社交媒体、短视频、直播等平台，人们可以更加便捷地获取和分享各种审美信息。这种即时、互动的审美体验方式使得审美活动变得更加轻松和有趣。同时，科技也使得审美体验更加个性化和多样化，人们可以根据自己的喜好和需求选择适合自己的审美方式和内容。

（三）个性化与自我表达的追求

在现代社会中，人们越来越注重个性化和自我表达。这种追求不仅体现在生活方式和消费行为上，也深刻地影响了人们的审美观念。

首先，个性化审美趋势的兴起使得人们开始追求与众不同、独一无二的审美体验。他们不再满足于传统的、大众化的审美标准，而是希望通过自己的审美选择来展现自己的个性和独特性。这种追求促使艺术家和设计师们开始关注个性化的需求和表达，创作出更加符合现代人审美观念的作品。

其次，自我表达也成为现代审美趋势中的一个重要特点。人们不再满足于被动地接受审美信息，而是希望通过自己的创作和表达来传达自己的思想和情感。这种表达可以是文字的、图像的、声音的等多种形式，它们共同构成了现代审美趋势中的多元声音和丰富色彩。

（四）环保与可持续发展的理念

随着环境问题的日益严重，环保和可持续发展的理念逐渐深入人心，并对现代审美趋势产生了深远的影响。

首先，环保理念促使人们开始关注审美对象的环保性和可持续性。在设计和艺术创作中，人们开始考虑使用环保材料和可持续的生产方式，以减少对环境的破坏和污染。这种关注不仅体现了人们对环境的尊重和保护意识，也促进了审美观念的创新和发展。

其次，可持续发展理念也影响了人们的审美标准和价值取向。人们开始追求一种既美观又实用的审美体验，不再盲目追求奢华和浪费。这种追求促使艺术家和设计师们开始关注产品的实用性和可持续性，创作出更加符合现代人审美观念和生活方式的作品。同时，这种追求也促进了社会经济的可持续发展和资源的合理利用。

三、传统审美观念在现代社会的价值与意义

（一）文化根脉的维护与传承

传统审美观念作为一个民族或文化群体的独特标识，承载着深厚的历史文化底蕴和民族情感。在现代社会中，传统审美观念的价值首先体现在对文化根脉的维护与传承上。

首先，传统审美观念是一个民族文化的重要组成部分，它反映了该民族的历史、价值观、生活方式和审美趣味。通过传承和弘扬传统审美观念，我们可以更好地理解和尊重自己的文化根源，增强文化自信心和民族自豪感。这对于维护民族文化的独特性和多样性具有重要意义。

其次，传统审美观念在现代社会仍然具有广泛的应用价值。在建筑、艺术、设计等领域，传统审美观念可以为我们提供独特的灵感和创意，帮助我们创造出具有民族特色和时代感的作品。这些作品不仅能够满足人们的审美需求，还能够促进文化产业的发展和创新。

（二）道德伦理的引领与塑造

传统审美观念往往蕴含着深刻的道德伦理观念，它通过艺术、文学等形式传递着社会的道德准则和价值取向。在现代社会中，传统审美观念对于道德伦理的引领与塑造具有重要意义。

首先，传统审美观念中的道德伦理观念可以引导人们树立正确的价值观和行为准则。它强调真善美的统一，追求内心的善良和外在的和谐。这种追求可以帮助人们形成健康、积极、向上的生活态度和行为习惯。

其次，传统审美观念中的道德伦理观念也可以对现代社会中的不良现象进行批判和反思。它通过艺术、文学等形式揭示社会现实中的问题和矛盾，引起人们的关注和思考。这种批判和反思有助于促进社会的进步和发展。

（三）精神世界的滋养与丰富

在现代社会中，人们面临着日益复杂和多变的生活环境和心理压力。传统审美观念作为一种精神文化产品，可以为人们提供精神上的滋养和慰藉。

首先，传统审美观念中的艺术、文学等作品具有独特的审美价值和艺术魅力。它们可以激发人们的想象力和创造力，帮助人们摆脱现实的束缚和限制，进入到一个更加广阔和自由的精神世界。这种精神世界的拓展和丰富有助于提升人们的精神境界和幸福感。

其次，传统审美观念还可以为人们提供情感上的慰藉和支持。在快节奏、高压力的现代社会中，人们常常感到孤独、焦虑和无助。而传统审美观念中的艺术、文学等作品可以为人们提供情感上的寄托和慰藉，帮助人们缓解压力、平复情绪、寻找内心的平静和安宁。

（四）跨文化交流与理解的桥梁

在全球化的背景下，不同文化之间的交流和融合成为必然趋势。传统审美观念作为一种独特的文化符号和表达方式，在跨文化交流与理解中发挥着桥梁和纽带的作用。

首先，传统审美观念可以通过艺术、文学等作品展示一个民族或文化群体的独特魅力和文化特色。这些作品可以成为不同文化之间交流和沟通的媒介与平台，促进不同文化之间的了解和尊重。

其次，传统审美观念中的价值观和道德准则也可以为不同文化之间的交流和融合提供共同的基础和参照。它强调真善美的统一和内心的善良与和谐，这些"普世价值"可以为不同文化之间的交流和融合提供共同的语言和准则。通过传统审美观念的传承和弘扬，我们可以更好地促进不同文化之间的和谐共处和共同发展。

第二节　传统艺术教育与普及

一、传统艺术教育的现状与挑战

（一）传统艺术教育的现状与缺失

近年来，随着对传统文化的重视和弘扬，传统艺术教育在国内也得到了越来越多的关注。然而，从当前的教育现状来看，传统艺术教育仍然面临着一些问题和缺失。

首先，传统艺术教育在课程体系中的地位相对较低。在当前的教育体系中，语文、数学、英语等基础课程占据了主导地位，而艺术教育往往被视为辅助性课程，难以获得足够的关注和投入。这导致传统艺术教育的课程设置相对单一，缺乏系统性和深度。

其次，传统艺术教育的师资力量相对薄弱。由于历史原因和现实条件的限制，传统艺术教育的师资力量普遍不足，尤其是缺乏具有丰富教学经验和专业知识的教师。这使得传统艺术教育的教学质量难以得到保障，难以满足学生的需求。

再次，传统艺术教育的传承方式也存在一定的问题。传统艺术往往依赖于口口相传、师徒传承的方式，这种方式虽然具有独特的优势，但也存在着传承效率低下、传承范围有限等问题。同时，现代社会的生活方式和价值观也对传统艺术的传承造成了一定的冲击，使得传统艺术的传承面临着更大的挑战。

（二）传统艺术教育的挑战之一：与现代教育的融合

随着现代教育的快速发展，传统艺术教育面临着与现代教育融合的挑战。现代教育注重科学、技术、工程和数学等领域的教育，而传统艺术教育则更注重人文、情感和审美等方面的培养。这种差异使得传统艺术教育在现代教育体系中难以找到合适的位置。

为了应对这一挑战，传统艺术教育需要与现代教育进行有机融合。一方面，传统艺术教育可以借鉴现代教育的教学方法和手段，提高教学效果和效率；另一方面，传统艺术教育也可以将现代教育的科学、技术等元素融入其中，拓展传统艺术的表现形式和领域。这种融合不仅可以促进传统艺术的创新和发展，也可以使传统艺术教育更加符合现代社会的需求。

（三）传统艺术教育的挑战之二：学生兴趣与需求的多样性

现代社会的学生群体具有更加多样化和个性化的兴趣和需求。他们不再满足于传统的、单一的艺术形式和表现方式，而是更加追求创新和个性化的表达。这种变化对传统艺术教育提出了新的挑战。

为了应对这一挑战，传统艺术教育需要更加注重学生的兴趣和需求。一方面，传统艺术教育可以开设更多样化、个性化的课程，满足不同学生的需求；另一方面，传统艺术教育也可以鼓励学生进行创新和实践，培养他们的创造力和想象力。这种注重兴趣和需求的教育方式不仅可以提高学生的学习积极性和参与度，也可以使传统艺术教育更加具有活力和吸引力。

（四）传统艺术教育的挑战之三：文化传承与创新的平衡

传统艺术教育的核心是文化传承和创新。然而，在实际的教学过程中，如何平衡文化传承和创新是一个重要的问题。一方面，传统艺术教育需要注重传承和弘扬传统文化精髓，使学生了解和掌握传统文化的内涵和价值；另一方面，传统艺术教育也需要注重创新和发展，鼓励学生在传统的基础上进行创新和实践。

为了平衡文化传承和创新，传统艺术教育可以采取多种措施。例如，可以开设传统文化课程，让学生了解传统文化的历史和发展；同时，也可以开设创新实践课程，鼓励学生进行创新和创作。此外，还可以加强与其他学科的交叉融合，拓展传统艺术的表现形式和领域。这种平衡文化传承和创新的教育方式不仅可以使传统艺术教育更加全面和深入，也可以使传统文化得到更好的传承和发展。

二、传统艺术普及的途径与方法

（一）学校教育途径与方法的运用

学校教育是传统艺术普及的重要阵地，其途径与方法对于培养学生的艺术素养和传承传统文化具有重要意义。

首先，应将传统艺术教育纳入学校课程体系。通过开设专门的传统艺术课程，如书法、国画、戏曲等，让学生系统地学习和掌握传统艺术的基本知识和技能。同时，可以结合学科特点，将传统艺术元素融入其他课程，如语文、历史等，使学生在学习中感受传统文化的魅力。

其次，加强师资队伍建设。培养一批具备传统艺术素养和教学能力的教师，是提高传统艺术普及质量的关键。学校可以通过引进专业人才、加强教师培训等方式，提高教师的传统艺术素养和教学水平。

再次，学校还可以组织丰富多彩的传统艺术活动，如艺术展览、演出、比赛等，为学生提供展示和交流的平台，激发他们的学习兴趣和创造力。

（二）社区文化活动的组织与推广

社区是居民生活的重要场所，也是传统艺术普及的重要阵地。通过组织社区文化活动，可以将传统艺术融入居民的生活，提高他们的艺术素养和文化认同感。

首先，可以定期举办传统艺术讲座和展览。邀请专家学者、艺术家等来到社区，为居民讲解传统艺术的历史、特点和价值，展示传统艺术的魅力和风采。同时，可以设立传统艺术展览区，展示居民自己创作的传统艺术作品，激发他们的创作热情。

其次，可以组织传统艺术表演和比赛。鼓励居民参与传统艺术表演和比赛，如戏曲、舞蹈、曲艺等，让他们在表演中感受传统艺术的魅力，提高他们的艺术修养和表现力。同时，可以设置奖项和奖品，激发居民的竞争意识和创作动力。

此外，社区还可以利用公共设施和场地，如文化广场、图书馆等，为居民提供学习和交流传统艺术的场所和条件。

（三）媒体与网络平台的宣传与推广

媒体和网络平台是现代社会信息传递的重要渠道，也是传统艺术普及的重要途径。通过媒体和网络平台的宣传与推广，可以将传统艺术传递给更广泛的受众，提高他们的艺术素养和文化认同感。

首先，可以利用传统媒体，如电视、广播、报纸等，进行宣传和推广。制作关于传统艺术的专题报道、访谈、纪录片等节目，让更多的人了解传统艺术的历史、特点和价值。同时，可以邀请艺术家、专家学者等参与节目录制和访谈，分享他们的经验和见解。

其次，可以利用网络平台，如社交媒体、视频网站等，进行宣传和推广。开设传统艺术主题的社交媒体账号和视频频道，发布关于传统艺术的文章、视频、图片等内容，吸引更多年轻受众的关注和参与。同时，可以利用互动功能，如评论、分享等，加强与受众的互动和交流。

再次，还可以开发专门的传统艺术学习应用和游戏等数字化产品，利用虚拟现实、增强现实等技术手段为受众提供更加直观、生动的学习体验。

（四）传统艺术机构的开放与合作

传统艺术机构，如博物馆、艺术馆、艺术团体等，是传承和发展传统艺术的重要力量，也是传统艺术普及的重要途径。通过开放与合作，可以充分发挥传统艺术机构的作用和优势，推动传统艺术的普及和发展。

首先，可以加强传统艺术机构的开放性和互动性。通过举办展览、演出、讲座等活动吸引公众参与和交流，同时可以利用互联网等现代技术手段提高活动的覆盖率和影响力。

其次，可以加强传统艺术机构之间的合作与交流。通过联合举办活动、共享资源等方式加强合作与交流，共同推动传统艺术的普及和发展。同时可以与学校、社区等组织建立合作关系，共同开展传统艺术教育和普及工作。

再次，还可以加强与国际组织和机构的交流与合作。借鉴国外在传统艺术教育和普及方面的成功经验和方法，提高我国传统艺术教育和普及的水平与质量。

第六章 中华传统科技与工艺

第一节 古代科技的成就与贡献

一、古代科技的发展历程

（一）起源与萌芽阶段

古代科技的起源与萌芽阶段，是人类文明发展的早期阶段，也是科技进步的奠基时期。在这一阶段，人类开始从简单的采集、狩猎、农耕等活动中逐渐积累经验和知识，逐步形成了对自然现象的初步认识和解释。

在起源与萌芽阶段，古代科技的主要特点是原始性和实用性。人们通过观察自然现象，如日月星辰的运行、四季更替等，逐渐形成了对天文、地理、气象等自然规律的认识。同时，人们还发明了各种简单的生产工具和生活用品，如石器、陶器、纺织机等，这些发明不仅提高了生产效率，也提高了人们的生活质量。

在科技发展的这一早期阶段，不同文明区域都呈现出各自独特的发展轨迹。例如，古埃及人在建筑、农业和医学等领域取得了显著的成就；古希腊人则注重数学、哲学和自然科学的研究，为后世留下了宝贵的科学遗产。

（二）发展与繁荣阶段

经过起源与萌芽阶段的积累，古代科技进入了发展与繁荣阶段。在这一阶段，科学技术得到了更加快速和广泛的发展，取得了许多重要的成就。

在农业方面，人们通过长期的实践和经验积累，逐渐形成了精耕细作的农业生产方式，发明了各种先进的农具和灌溉技术，如铁犁、水车等。这些发明不仅提高了农业生产效率，也促进了人口的增长和文明的繁荣。

在手工业方面，人们发明了各种复杂的工具和设备，如冶炼炉、织布机等，这些设备的出现极大地提高了手工业的生产效率和产品质量。同时，手工业的发展也促进了商品经济的繁荣和城市的兴起。

在科技研究方面，人们开始注重实验和观察，提出了许多新的科学理论和学说。例如，古希腊的哲学家亚里士多德提出了"四因说"，为后世的科学研究提供了重要的思想基础；中国的数学家祖冲之则精确计算出了圆周率的值，为数学领域的发展作出了重大贡献。

（三）交流与融合阶段

在古代科技的发展历程中，交流与融合是一个重要的阶段。随着不同文明之间的交往和贸易活动的增加，科技知识和技术开始在不同文明之间传播和融合。

在这一阶段，丝绸之路和海上丝绸之路等贸易路线的开辟，极大地促进了东西方之间的科技交流。例如，中国的造纸术、火药、指南针等技术在唐朝时期传入阿拉伯和欧洲地区，对这些地区的科技发展产生了深远的影响。同时，阿拉伯地区也将其在数学、天文学等领域的成就传入欧洲，为欧洲的文艺复兴和科学革命奠定了基础。

在交流与融合的过程中，不同文明之间的科技知识和技术得到了相互补充和融合，形成了更加完善和丰富的科技体系。这种交流与融合不仅促进了科技知识的传播和普及，也推动了人类文明的不断进步和发展。

（四）继承与发扬阶段

在古代科技的发展历程中，继承与发扬是一个长期而持续的过程。在这一阶段，人们不仅继承了前人的科技成就和经验教训，还在此基础上进行了新的创新和发展。

在继承方面，人们通过学习和研究前人的科技文献和著作，了解了前人的科技成就和经验教训。这些知识和经验为后人提供了重要的参考和借鉴，为新的科技创新和发展奠定了基础。

在发扬方面，人们在继承前人科技成就的基础上，结合新的时代需求和发展趋势，进行了新的科技创新和发展。例如，在农业领域，人们通过引进新的农作物品种和种植技术，提高了农业生产的效率和产量；在医学领域，人们通过研究新的疾病和治疗方法，提高了医疗水平和人们的健康水平。这些新的科技创新和发展不仅推动了人类文明的进步和发展，也为后世的科技发展提供了重要的借鉴和启示。

二、古代科技的代表性成就

（一）农业与水利工程

在古代科技的发展历程中，农业与水利工程无疑是两大支柱。从古代中国开始，农业技术的创新和水利工程的建设就不断推动着社会经济的发展。

在农业方面，古代中国创造了丰富的耕作技术和工具，如铁犁、牛耕等，极大地提高了农业生产的效率。同时，对农作物的种植、施肥、灌溉等各个环节都进行了深入的研究和实践，形成了完整的农业知识体系。例如，北魏时期的贾思勰所著的《齐民要术》，就系统地总结了黄河中下游地区的农业生产技术和经验，被誉为中国古代农业的百科全书。

在水利工程方面，古代中国也取得了举世瞩目的成就。如战国时期的都江堰，巧妙地利用自然地势，通过引水、分水、泄洪等手段，实现了对成都平原的灌溉和防洪，使得成都平原成为"天府之国"。此外，还有灵渠、郑国渠等水利工程，都为古代中国的农业生产和经济发展作出了巨大贡献。

（二）天文与数学

古代科技在天文和数学领域也取得了显著的成就。这些成就不仅推动了人类对宇宙的认识，也为后世的科学研究提供了重要的基础。

在天文学方面，古代中国形成了独特的天文观测和记录体系。如《甘石星经》等著作，记录了丰富的天文现象和观测数据。同时，古代中国还发明了浑天仪、地动仪等天文观测仪器，为天文学的研究提供了有力的工具。此外，古代中国还制定了精确的历法，如《太初历》《大衍历》等，为农业生产和社会生活提供了重要的时间参考。

在数学方面，古代中国也取得了辉煌的成就。如《周髀算经》《九章算术》等著作，系统地总结了古代中国的数学知识和方法。其中，《九章算术》更是被誉为"算经之首"，其中的方程术、勾股定理等内容都对后世的数学研究产生了深远的影响。此外，古代中国还发明了算盘等计算工具，为数学的研究和应用提供了便利。

（三）科技与发明

古代科技在科技与发明方面也取得了众多的成就。这些发明不仅体现了古代人民的智慧和创造力，也为人类文明的进步作出了重要的贡献。

在科技方面，古代中国发明了造纸术、印刷术、火药等重要的科技成果。造纸术的发明极大地推动了文化的传播和发展；印刷术的发明则大大提高了书籍的复制和传播效率；火药的发明则改变了军事战争的模式和格局。这些科技成果都对人类文明的进步产生了深远的影响。

在发明方面，古代中国也涌现出了众多的杰出代表。如东汉的张衡发明了地动仪；唐朝的孙思邈发明了火药；北宋的毕昇发明了活字印刷术等。这些发明不仅体现了古代人民的智慧和创造力，也为人类文明的进步提供了重要的物质和文化支持。

（四）科技与文化艺术

古代科技在文化艺术领域也发挥了重要的作用。科技与艺术的结合不仅推动了文化艺术的创新和发展，也丰富了人类的精神世界。

在文化艺术方面，古代中国的建筑、绘画、陶瓷等艺术形式都体现了科技的应用和贡献。如古代中国的建筑采用了独特的木结构体系和榫卯结构连接方式等科技手段，使得建筑更加稳固和美观；绘画则通过运用透视、色彩等科技原理来表现画面效果和意境；陶瓷则通过改进釉料配方和烧制技术等手段来提高产品质量和艺术价值。这些艺术形式都体现了古代人民对科技的应用和创新精神。

此外，古代科技还推动了文化艺术的传播和交流。如造纸术和印刷术的发明使得书籍和文献得以广泛传播和保存；丝绸之路的开辟则促进了东西方之间的文化艺术交流和融合。这些交流不仅推动了文化艺术的发展和创新，也丰富了人类的精神世界，使文化更加多样性。

三、古代科技对现代社会的影响

（一）基础科技原理的延续与应用

古代科技虽然与现代科技在形式和手段上有所不同，但其背后蕴含的基本原理和思维方式却对现代社会产生了深远的影响。许多古代科技成就，如数学、天文学、物理学的基本原理，至今仍是现代科学研究的基础。

以数学为例，古代中国的《九章算术》等著作中，包含了方程术、比例论、勾股定理等内容，这些数学原理至今仍在现代数学、工程学、物理学等领域中发挥着重要作用。同样，古代天文学的观察和记录方法，也为现代天文学提供了宝贵的参考。

此外，古代科技中的许多发明和技术，经过现代科技的改造和升级，仍然在现代社会中发挥着重要作用。例如，古代中国的造纸术和印刷术，经过现代科技的改进，已经发展成为现代的造纸和印刷工业，极大地推动了信息传播和文化交流。

（二）对现代科技发展的启示与借鉴

古代科技的发展历程和成就，为现代科技的发展提供了重要的启示和借鉴。首先，古代科技注重实践和创新的精神，是现代社会科技创新的重要动力。例如，古代中国的四大发明，都是在长期的实践中不断积累和创新的结果。这种实践和创新的精神，对于现代科技的发展同样具有重要意义。

其次，古代科技中的许多成就，都是基于对人类生活和自然环境的深入观察和思考。这种以人为本、与自然和谐共生的理念，也为现代科技的发展提供了重要的方向。现代科技在追求高效、便捷的同时，也应该注重环保、节能等方面的考虑，以实现可持续发展。

（三）文化传承与教育的价值

古代科技不仅代表了古代文明的智慧和成就，也是传承和弘扬民族文化的重要途径。通过学习古代科技，人们可以更加深入地了解古代文明的历史和文化，增强民族自豪感和文化自信心。

同时，古代科技也是教育的重要内容之一。通过学习古代科技，可以培养学生的创新思维和实践能力，提高他们的综合素质和竞争力。此外，古代科技中的许多成就和原理，也可以作为教学案例和实验素材，丰富教学内容和方法。

（四）对现代生活方式的影响

古代科技对现代生活方式也产生了深远的影响。首先，古代科技中的许多发明和技术，如造纸术、印刷术、火药等，都极大地推动了信息传播和文化交流，使得现代社会的信息传播更加迅速和广泛。

其次，古代科技中的许多原理和技术，也被广泛应用于现代社会的各个领域。例如，古代天文学的观察和记录方法，为现代航空航天技术的发展提供了重要的参考；古代数学的原理和方法，也被广泛应用于现代计算机科学、数据分析等领域。

此外，古代科技中的许多成就和原理，也对现代社会的文化娱乐和休闲方式产生了影响。例如，古代中国的建筑艺术和陶瓷艺术等，都为现代社会的文化娱乐和休闲方式提供了重要的素材和灵感。

古代科技对现代社会的影响是多方面的，从基础科技原理的延续与应用、对现代科技发展的启示与借鉴、文化传承与教育的价值以及对现代生活方式的影响等方面来看，古代科技都为现代社会的发展作出了重要的贡献。

四、古代科技的世界地位与意义

（一）古代科技的世界领先地位

古代科技在世界科技史上占据了极其重要的地位，许多文明古国都曾在科技领域取得了举世瞩目的成就。从古代中国的四大发明到古希腊的数学和哲学，再到阿拉伯世界的医学和天文学，这些文明古国都在不同的科技领域里展现出了卓越的智慧和创造力。

以古代中国为例，其科技成就不仅在当时处于领先地位，而且对世界科技发展产生了深远的影响。造纸术、印刷术、火药和指南针这四大发明，不仅极大地推动了中国古代文化的繁荣，也通过丝绸之路等贸易路线传播到世界各地，对世界文明的发展产生了重要影响。这些发明不仅改变了人们的书写、印刷和军事作战方式，也促进了全球贸易和文化的交流。

（二）古代科技对人类文明的贡献

古代科技对人类文明的贡献是全方位的。首先，科技的发明和创新为人类提供了更加便捷、高效的生产工具和生活方式，推动了社会经济的发展和繁荣。例如，古代中国的灌溉系统和水车等农业工具，提高了农业生产的效率，为社会的稳定和繁荣奠定了基础。

其次，古代科技的发展也促进了人类对自然界的认识和探索。通过天文观测、地理考察等手段，人们逐渐了解了宇宙的奥秘和地球的构造，为自然科学的发展奠定了基础。同时，医学、数学、物理等学科的兴起，也为人类认识世界提供了重要的工具和手段。

最后，古代科技还促进了不同文明之间的交流和融合。通过贸易、战争、宗教传播等方式，不同文明之间的科技知识和技术得到了传播和融合，形成了丰富多彩的世界文明。这种交流和融合不仅促进了文化多样性的发展，也推动了人类文明的共同进步。

（三）古代科技对现代科技的启示

古代科技对现代科技的发展具有重要的启示作用。首先，古代科技注重实践和创新的精神，为现代科技的创新提供了重要的动力。通过长期的实践和经验积累，人们逐渐发现了许多自然现象和规律，为科学研究提供了重要的素材和思路。

其次，古代科技中的许多原理和方法，也为现代科技的研究和应用提供了重要的参考。例如，古代中国的数学原理和天文学观测方法，为现代数学和天文学的发展提供了重要的基础。同时，古代医学中的针灸、草药等治疗方法，也为现代医学的研究提供了重要的启示。

最后，古代科技也强调了人与自然和谐共生的理念，为现代科技的可持续发展提供了重要的方向。在追求科技进步的同时，我们也应该注重环保、节能等方面的考虑，以实现人类与自然的和谐共生。

（四）古代科技对世界历史的影响

古代科技对世界历史的影响是深远的。首先，古代科技的发明和传播推动了全球贸易和文化的交流，促进了不同文明之间的融合和发展。这种交流和融合不仅丰富了人类的文化多样性，也推动了人类文明的共同进步。

其次，古代科技的发展也影响了世界历史的进程。例如，火药的发明改变了军事战争的模式和格局，推动了冷兵器时代向热兵器时代的转变；指南针的发明则为航海探险提供了重要的工具，推动了欧洲人对新大陆的发现和殖民扩张。

古代科技还为人类探索未知世界提供了重要的工具和手段，通过天文观测、地理考察等手段，人们逐渐了解宇宙的奥秘和地球的构造，为后来的科学探险和宇宙探索提供了重要的基础。这种探索精神不仅推动了人类科技的进步，也激发了人类对未知世界的好奇心和探索欲望。

第二节　四大发明与世界文明

一、造纸术的发明与传播

（一）造纸术的发明

造纸术，作为中国古代四大发明之一，其发明过程充满了智慧与探索。西汉时期，人们已经初步掌握了造纸的基本方法，但此时的纸张质地粗糙，使用并不广泛。到了东汉时期，宦官蔡伦在总结前人经验的基础上，进行了大胆的创新和改革，最终成功研制出了质量上乘的"蔡侯纸"。这一发明不仅大大提高了纸张的质量和产量，而且使得纸张的原料来源更为广泛，价格更为亲民，从而推动了纸张的普及和应用。

蔡伦的造纸术采用了树皮、麻头、破布、旧渔网等植物纤维作为原料，经过切碎、浸泡、蒸煮、捣烂、抄造等一系列工序制成纸张。这种纸张不仅质地细腻、坚韧耐用，而且价格低廉、易于推广。蔡伦的造纸术在当时社会产生了深远的影响，为后来的书籍印刷、文化传播等事业奠定了坚实的基础。

（二）造纸术的传播

造纸术的发明是中国古代科技史上的重要里程碑，它不仅推动了中国文化的繁荣和发展，而且通过丝绸之路等贸易路线传播到世界各地，对世界文明产生了深远的影响。

首先，造纸术在东亚地区得到了广泛的传播和应用。中国周边的朝鲜、日本等国家纷纷派遣使者前来学习造纸技术，并在本国进行了推广和应用。这些国家的造纸技术虽然受到中国的影响，但也在实践中不断发展和创新，形成了各自独特的造纸工艺和风格。

其次，造纸术通过丝绸之路等贸易路线传播到中亚、西亚等地区。阿拉伯人在唐朝时期开始接触到中国的造纸术，并很快将其引入自己的国家。阿拉伯人在造纸技术的基础上进行了改进和创新，发明了新的造纸工艺和工具，使得纸张的质量和产量得到了进一步提高。随后，造纸术又传播到欧洲、非洲等地区，对世界文明的进步和发展产生了深远的影响。

（三）造纸术对世界文明的影响

造纸术的发明和传播对世界文明产生了深远的影响。首先，它推动了文化的传播和交流。纸张的普及使得书籍的复制和传播变得更加容易和高效，促进了不同文化之间的交流和融合。同时，造纸术也为文学、艺术等领域的发展提供了重要的物质基础，推动了人类文明的进步和发展。

其次，造纸术也促进了经济的发展和繁荣。纸张作为一种重要的生产资料和生活用品，其生产和贸易为当时的社会带来了巨大的经济利益。同时，造纸术的发展也带动了相关产业的兴起和发展，如印刷业、出版业等，进一步推动了经济的繁荣和发展。

（四）造纸术在现代社会中的价值

尽管现代社会已经进入了数字化时代，但造纸术仍然具有重要的价值和意义。首先，它作为中国传统文化的重要组成部分，具有深厚的文化底蕴和历史价值。通过学习和传承造纸术，我们可以更好地了解和传承中国传统文化，增强文化自信和文化自觉。

其次，造纸术作为一种传统的手工艺技能，具有独特的艺术魅力和审美价值。在现代社会中，越来越多的人开始关注和重视手工艺技能的保护和传承，造纸术也成了许多人学习和研究的对象。

最后，造纸术作为一种环保、可持续的生产方式，也具有重要的现实意义。随着人们环保意识的不断提高，越来越多的人开始关注环保和可持续发展问题。造纸术作为一种以植物纤维为原料的生产方式，具有较低的污染和较高的资源利用率，符合环保和可持续发展的要求。因此，在现代社会中，我们仍然需要重视和传承造纸术这一传统手工艺技能，并将其与现代科技相结合，推动环保和可持续发展事业的发展。

二、印刷术的革命性影响

（一）知识传播的革新

印刷术的出现，无疑是人类历史上的一次重大革命。在此之前，书籍的复制主要依赖于手抄，这种方式既耗时又费力，且容易出错，极大地限制了知识的传播速度和范围。印刷术的发明，尤其是活字印刷术的推广，彻底改变了这一局面。

活字印刷术通过制作可重复使用的活字，实现了书籍的快速复制和大量生产。这使得知识能够更快速、更广泛地传播到社会的各个角落。无论是经典著作、艺术作品，还是学术研究，都能够通过印刷术得到更广泛的传播和保存。这种革命性的改变，不仅促进了学术的繁荣和文化的交流，也极大地推动了人类文明的进步。

（二）文化交流的加强

印刷术的出现，不仅促进了知识的传播，也加强了不同文化之间的交流。在印刷术普及之前，书籍的获取非常困难，尤其是对于那些生活在边远地区或者贫困家庭的人们来说，更是遥不可及。然而，随着印刷术的发展，书籍的获取变得相对容易，人们可以更加方便地接触到来自不同地区的文化。

这种文化交流的加强，不仅有助于消除文化隔阂，增进不同文化之间的理解和尊重，也促进了文化的多样性和创新。各种文化在交流中碰撞、融合，产生了许多新的思想和观念，推动了人类文明的进步。

（三）社会结构的变革

印刷术的出现，也对社会结构产生了深远的影响。在印刷术普及之前，知识和信息的传播主要掌握在少数人手中，如贵族、学者等。这些人通过垄断知识和信息，维持了他们的社会地位和权力。然而，随着印刷术的普及，知识和信息的传播变得更加广泛和便捷，这使得更多的人有机会接触到知识和信息。

这种变化打破了原有的社会结构，削弱了贵族和学者对知识和信息的垄断。越来越多的人开始接受教育，参与到社会事务中来。这不仅促进了社会的民主化进程，也推动了社会的整体进步。

（四）经济发展的推动

印刷术的出现，对经济发展也产生了积极的推动作用。随着书籍的大量生产，出版业、印刷业等相关产业得到了迅速发展。这些产业的发展不仅为社会提供了大量的就业机会，也推动了经济的增长。

此外，印刷术的发展还促进了商品的宣传和推广。通过印刷，商家可以更好地向消费者展示他们的产品和服务，提高商品的知名度和销售量。这种变化不仅促进了商业的繁荣，也推动了经济的整体发展。

印刷术的出现对人类历史产生了深远的影响，它不仅促进了知识的传播和文化的交流，也推动了社会结构的变革和经济的发展。在当今信息社会中，我们仍然可以感受到印刷术所带来的影响和价值。

三、指南针的导航作用

（一）指南针的历史背景与起源

指南针，古代称为司南，是中国古代四大发明之一。据史书记载，指南针最早出现于战国时期，经过长期的演变和发展，逐渐形成了现代意义上的指南针。指南针的发明基于人们对磁石磁性的认识，利用地球磁场对磁针的作用来指示方向。这一发现不仅展现了古代中国人民的智慧，也为后来的航海事业提供了重要的技术支持。

（二）指南针在航海中的应用

指南针的发明对航海事业产生了深远的影响。在指南针出现之前，航海家们主要依赖天文导航和地标识别来确定方向。然而，这些方法在恶劣天气或远离陆地的海域中往往失效，给航海带来了极大的风险。指南针的出现，使得航海家们能够准确地确定方向，即使在恶劣的天气条件下也能保持航向的稳定。这极大地提高了航海的安全性和效率，使得远洋航行成为可能。

在航海史上，指南针的应用不仅解决了海上航行的方向问题，还促进了全球贸易和文化交流的发展。例如，在明代郑和下西洋的壮举中，指南针发挥了至关重要的作用。郑和的船队携带了大量的指南针，确保了船队在茫茫大海中的方向感和稳定性。这不仅使得郑和的船队能够成功访问多个国家和地区，也促进了中国与这些国家之间的贸易和文化交流。

（三）指南针对地理探险的推动作用

除了在航海中的应用外，指南针还对地理探险产生了深远的影响。在古代的地理探险中，探险家们需要穿越未知的领域，寻找新的陆地和资源。在这个过程中，方向感是至关重要的。指南针的发明使得探险家们能够准确地确定方向，避免在茫茫的丛林中迷失方向。

例如，在哥伦布发现新大陆的过程中，指南针发挥了关键的作用。哥伦布在航海过程中，利用指南针确定了正确的航向，最终成功抵达了美洲大陆。这一发现不仅为欧洲带来了新的贸易机会和资源，也开启了欧洲对新大陆的殖民扩张。

（四）指南针对现代社会的影响与启示

尽管现代社会已经进入了高度发达的科技时代，但指南针的导航作用仍然具有重要的价值。在野外探险、徒步旅行等活动中，指南针仍然是一种重要的导航工具。此外，指南针的原理也广泛应用于现代导航系统中，如GPS等。这些系统利用卫星信号和地面接收设备来确定位置和方向，为人们的出行提供了极大的便利。

同时，指南针的发明也给我们带来了深刻的启示。它告诉我们，只有不断探索和创新，才能推动人类文明的进步和发展。在今天这个快速变化的时代里，我们也需要像古代中国人民一样，保持对未知世界的好奇心和探索精神，不断追求新的知识和技术突破。

四、火药的应用与影响

（一）火药的发明与早期应用

火药，作为中国古代四大发明之一，其发明标志着人类开始掌握了一种能够迅速释放巨大能量的物质。据历史记载，火药的发明可追溯到唐代初期，是炼丹家在炼制丹药的过程中意外发现的。最初，火药主要用于制作烟花、爆竹等娱乐用品，以其绚丽的色彩和巨大的声响给人们带来欢乐。

然而，火药的潜力远不止于此。在随后的历史进程中，火药开始被应用于军事领域，极大地改变了战争的形态和结果。唐代末年，火药武器开始出现在战场上，如火箭、火球等。到了宋代，火药武器得到了进一步的发展和完善，如火枪、火炮等。这些火药武器的出现，也推动了战争技术和战争策略的不断演进。

（二）火药在军事领域的应用与影响

火药在军事领域的应用，无疑是最为显著和深远的。火药的发明和应用，使得战争的形态发生了根本性的变化。传统的冷兵器战争逐渐被火药武器战争所取代。火药武器的出现，使得战争的胜负更加依赖于武器的先进程度和战术的运用，而不再仅仅依赖于士兵的数量和勇猛。

同时，火药的应用也对军事战略和战术产生了深远的影响。火药武器的射程远、威力大，使得防御工事的作用大大降低，而进攻则变得更为有效。因此，在火药武器时代，进攻成了一种更为有效的战争方式。此外，火药的应用还推动了军事装备和军事技术的不断更新换代，如火炮、火枪等武器的不断改进和完善，以及军事工程学的兴起和发展。

（三）火药在科技领域的应用与影响

除了军事领域外，火药在科技领域也有着广泛的应用和影响。火药的发明和应用，推动了化学、物理等学科的发展。在火药制造过程中，人们逐渐掌握了物质的燃烧、爆炸等性质，为后来的化学、物理等学科的发展奠定了基础。同时，火药的应用还推动了冶金、机械等工业的发展。在火药制造和武器制造过程中，人们需要不断地改进和完善制造技术和工具，从而推动了相关工业的发展。

此外，火药的应用还对科技传播和文化交流产生了深远的影响。火药的传播和使用，促进了不同国家和地区之间的交流和合作，推动了科技文化的传播和发展。例如，火药的传播促进了东西方之间的贸易和文化交流，使得中国的科技文化得以传播到世界各地。

（四）火药对社会经济和文化的影响

火药的应用对社会经济和文化也产生了深远的影响。首先，火药的应用推动了相关产业的发展和繁荣。如烟花爆竹产业、武器制造业等都与火药密切相关，这些产业的发展为社会提供了大量的就业机会和财富。其次，火药的应用也促进了国家安全和稳定。在火药武器时代，强大的军事力量成为国家安全和稳定的重要保障。同时，火药的应用还推动了国家统一和民族融合。在火药武器时代，战争和征服成为一种更为有效的手段，这有助于推动国家统一和民族融合。最后，火药的应用还促进了文化交流和文化多样性。火药的传播和使用促进了不同国家和地区之间的文化交流和融合，使得世界文化更加丰富多彩。

第三节　传统手工艺与非物质文化遗产

一、传统手工艺的种类与特点

（一）传统手工艺的种类

传统手工艺是人类历史长河中形成的丰富多彩的文化遗产，它们不仅代表了各个民族和地区的独特技艺和审美观念，也体现了人类智慧的结晶。传统手工艺的种类繁多，涉及生活的方方面面，大致可分为以下几类：

纺织类手工艺：包括刺绣、织锦、蜡染、编织等，这些手工艺以其精美的图案、细腻的质地和独特的工艺技法，深受人们喜爱。例如，中国的四大名绣——苏绣、湘绣、蜀绣、粤绣，以其精湛的刺绣技艺和独特的艺术风格，享誉世界。

陶瓷类手工艺：陶瓷手工艺是指以黏土为主要原料，经过成形、干燥、烧制等工序制成的各种陶瓷制品。中国的陶瓷手工艺历史悠久，技艺精湛，如景德镇的青花瓷、宜兴的紫砂壶等，都是陶瓷手工艺中的瑰宝。

金属类手工艺：金属手工艺主要包括金银器制作、铜器制作、铁器制作等。这些手工艺以其独特的金属光泽和精致的工艺技法，展现了金属的魅力和美感。如中国古代的青铜器、金银首饰等，都是金属手工艺的杰出代表。

木雕与竹编类手工艺：木雕和竹编手工艺是以木材和竹子为主要原料，经过切割、打磨、编织等工序制成的各种工艺品。这些手工艺以其质朴的材质和巧妙的工艺技法，展现了木材和竹子的独特美感。如中国的木雕家具、竹编工艺品等，都是木雕与竹编手工艺的杰出代表。

（二）传统手工艺的特点

传统手工艺具有以下几个显著的特点：

技艺精湛：传统手工艺经过长期的传承和发展，形成了独特的技艺和工艺技法。这些技艺和工艺技法需要经过长时间的练习和积累才能掌握，因此，传统手工艺制品往往具有精湛的工艺和独特的艺术价值。

材质独特：传统手工艺使用的材料往往具有独特的质感和美感。这些材料经过手工艺人的巧妙处理，能够展现出独特的魅力和美感。例如，陶瓷手工艺的黏土材料、木雕手工艺的木材和竹编手工艺的竹子等，都具有独特的质感和美感。

文化内涵丰富：传统手工艺不仅是技艺的传承和表现，更是文化的传承和表达。传统手工艺制品往往蕴含着丰富的文化内涵和历史背景，是了解一个民族或地区文化的重要窗口。例如，中国的四大名绣、景德镇的青花瓷等，都蕴含着丰富的文化内涵和历史背景。

手工制作：传统手工艺是以手工制作为主的生产方式。这种生产方式虽然效率较低，但能够保证每一件手工艺制品都是独一无二的。手工制作的传统手工艺制品往往具有更高的艺术价值和收藏价值。同时，手工制作也体现了手工艺人对技艺的热爱和追求。

（三）传统手工艺的地域性和民族性

传统手工艺作为一种独特的文化遗产，往往与当地的地域文化和民族特色紧密相连。这种地域性和民族性不仅体现在手工艺品的材质、造型和工艺技法上，更体现在其背后的文化意义和历史背景中。

首先，传统手工艺的地域性表现在不同地区的手工艺品往往具有独特的风格和特色。这与当地的气候、地理、资源等因素密切相关。例如，江南地区的丝绸织造业因其得天独厚的自然条件而兴旺发达，其丝绸制品以质地细腻、图案精美而著称；而西北地区的民间剪纸则以其粗犷豪放、寓意深刻的风格而独树一帜。

其次，传统手工艺的民族性体现在不同民族的手工艺品往往具有各自独特的风格和特点。这些手工艺品不仅展现了各民族独特的审美观念和文化传统，也反映了各民族的历史变迁和生活方式。例如，藏族的唐卡绘画以其鲜艳的色彩、细腻的线条和深厚的文化内涵而广受赞誉；而苗族的银饰则以其精美的工艺和独特的民族风格而备受瞩目。

（四）传统手工艺的传承与发展

传统手工艺的传承与发展是一个复杂而漫长的过程。在这个过程中，手工艺人需要不断学习和掌握新的技艺和工艺技法，同时也需要保持对传统工艺的尊重和传承。

首先，传统手工艺的传承需要依靠师徒制度和家族传承等方式进行。在这些方式中，老师傅或长辈会将自己的技艺和经验传授给学徒或晚辈，帮助他们逐步掌握传统工艺的精髓。这种传承方式不仅保证了传统工艺的延续性，也促进了手工艺人之间的交流和合作。

其次，传统手工艺的发展需要与时俱进，不断吸收新的元素和技术。随着社会的不断发展和人们审美观念的变化，传统手工艺也需要不断创新和改进，以满足现代人的需求和审美要求。例如，一些手工艺人开始尝试将传统工艺与现代设计相结合，创作出既具有传统韵味又具有现代感的作品；同时，一些新技术如数字化技术也开始被应用到传统手工艺中，提高了手工艺品的生产效率和质量。

传统手工艺作为人类文化遗产的重要组成部分，具有独特的地域性、民族性和艺术性。在传承与发展的过程中，我们需要尊重和保护传统工艺的同时，也要注重创新和改进，使其更好地适应现代社会的需求和审美要求。

二、非物质文化遗产的保护意义

（一）文化多样性的维护与传承

非物质文化遗产是人类文明的重要组成部分，它承载着各个民族、地区和国家的历史记忆、文化基因和审美观念。每一种非物质文化遗产都是独特的，它们共同构成了世界文化的多彩画卷。因此，保护非物质文化遗产的首要意义在于维护和传承文化多样性。

文化多样性是人类社会的宝贵财富，它丰富了人类的精神世界，促进了不同文化之间的交流与融合。然而，随着全球化的加速和现代科技的发展，一些非物质文化遗产正面临着消失的危险。如果这些独特的文化遗产得不到有效的保护，将会导致文化多样性的丧失，使人类文化变得单调和贫乏。因此，保护非物质文化遗产就是维护文化多样性，让各种文化在相互尊重、平等交流的基础上共同发展。

（二）文化认同与民族自信的增强

非物质文化遗产是一个民族或地区文化认同的重要标志。它们不仅代表了该民族或地区的历史传统、文化特色和审美观念，还反映了该民族或地区的价值观念和民族精神。因此，保护非物质文化遗产有助于增强民族的文化认同和民族自信。

当一个民族或地区的非物质文化遗产得到有效的保护和传承时，该民族或地区的文化自信心也会得到增强。这种自信心能够激发民族的创新精神和创造力，推动民族文化的繁荣和发展。同时，文化认同和民族自信的增强还能够促进民族团结和社会稳定，为国家的繁荣和发展提供强大的精神支撑。

（三）人类智慧的传承与发扬

非物质文化遗产中蕴含着人类丰富的智慧和创造力。这些智慧和创造力是人类在长期的生产生活实践中积累下来的宝贵财富，是推动人类文明进步的重要动力。因此，保护非物质文化遗产也是对人类智慧的传承和发扬。

通过对非物质文化遗产的保护和研究，我们可以更好地了解人类的历史和文化传统，挖掘出其中蕴含的智慧和创造力。这些智慧和创造力不仅可以帮助我们解决现代社会面临的各种问题，还可以激发我们的创新思维和创造力，推动人类文明的进步和发展。

（四）可持续发展与生态文明建设的促进

非物质文化遗产的保护与可持续发展和生态文明建设密切相关。许多非物质文化遗产都与当地的自然环境、生态系统和社会经济发展密切相关，它们之间存在着密切的联系和相互作用。

首先，非物质文化遗产的保护可以促进当地生态环境的保护和恢复。一些传统的手工艺和农业技术强调与自然的和谐共生，这些技艺的传承和应用有助于保护当地的生态环境和生态系统。

其次，非物质文化遗产的保护可以促进当地社会经济的发展。通过挖掘和传承非物质文化遗产中的独特价值和潜力，可以开发出具有地方特色的旅游资源和文化产品，推动当地经济的繁荣和发展。

非物质文化遗产的保护还可以促进生态文明建设的推进，通过弘扬和传承非物质文化遗产中的生态智慧和环保理念，可以引导人们树立正确的生态文明观念和行为方式，推动人类与自然和谐共生。

三、代表性手工艺与传承人

（一）手工艺的历史价值与代表性

代表性手工艺作为非物质文化遗产的重要组成部分，往往具有深厚的历史底蕴和独特的文化价值。这些手工艺不仅体现了当地或民族的独特审美和技艺水平，也承载了丰富的历史信息和文化内涵。

首先，代表性手工艺的历史价值体现在它们往往具有悠久的历史和传承脉络。这些手工艺经过数百年甚至上千年的发展和演变，形成了独特的技艺体系和风格特点。它们不仅是当地或民族文化的瑰宝，也是人类文明的共同财富。

其次，代表性手工艺的代表性体现在它们代表了某一地区或民族的文化特色和技艺水平。这些手工艺以其独特的造型、材质、工艺和审美价值，成为当地或民族的标志性文化符号。例如，中国的景泰蓝、苏州刺绣、福建土楼木雕等，都是各自地区的代表性手工艺。

（二）传承人的角色与责任

传承人是代表性手工艺得以传承和发扬的关键人物。他们不仅掌握了传统手工艺的技艺和精髓，还肩负着传承和发扬这一技艺的使命和责任。

首先，传承人是传统手工艺的守护者。他们通过世代相传的方式，将传统手工艺的技艺和精髓传承给后人，确保这一技艺得以延续。在传承过程中，传承人需要不断学习和掌握新的技艺和知识，以适应时代的发展和社会的变化。

其次，传承人是传统手工艺的推广者。他们通过各种途径和方式，将传统手工艺介绍给更多的人，让更多的人了解和认识这一技艺。传承人的推广和宣传工作，有助于提高传统手工艺的社会认知度和影响力，为传统手工艺的传承和发展营造良好的社会氛围。

最后，传承人是传统手工艺的创新者。他们在传承传统技艺的基础上，不断尝试新的材料和工艺，探索新的表现形式和风格，使传统手工艺焕发出新的生机和活力。传承人的创新精神和创造力，是推动传统手工艺发展的重要动力。

（三）代表性手工艺与传承人的关系

代表性手工艺与传承人之间存在着密不可分的关系。一方面，代表性手工艺需要传承人的保护和传承才能得以延续；另一方面，传承人也需要借助代表性手工艺这一载体来展示自己的技艺和才华。

在代表性手工艺的传承过程中，传承人起着至关重要的作用。他们不仅需要将传统技艺传授给后人，还需要对技艺进行不断创新和发展。同时，传承人还需要积极推广和宣传代表性手工艺，提高其在社会上的知名度和影响力。

而代表性手工艺也为传承人提供了展示自己技艺和才华的舞台。通过制作精美的手工艺品和参加各种展览和比赛等活动，传承人可以向更多的人展示自己的技艺和才华，赢得更多的赞誉和尊重。

（四）代表性手工艺与传承人的当代意义

在当代社会，代表性手工艺与传承人的意义更加凸显。随着全球化的发展和现代科技的进步，许多传统文化和技艺正面临着消失的危险。因此，保护和传承代表性手工艺与传承人的工作显得尤为重要。

首先，保护和传承代表性手工艺与传承人有助于维护文化多样性和文化生态平衡。这些手工艺和传承人代表着各自地区或民族的文化特色和技艺水平，是当地或民族文化的重要组成部分。通过保护和传承这些手工艺和传承人，可以保持文化的多样性和丰富性，促进不同文化之间的交流和融合。

其次，保护和传承代表性手工艺与传承人有助于推动文化产业的发展和创新。这些手工艺和传承人具有独特的文化价值和商业价值，可以成为文化产业的重要资源和动力。通过挖掘和开发这些手工艺和传承人的潜力，可以创造出更多的文化产品和服务，满足人们日益增长的文化需求。

保护和传承代表性手工艺与传承人还有助于提高人们的文化自觉和文化自信，这些手工艺和传承人代表着当地或民族的文化传统和精神追求，是当地或民族文化的骄傲和自信的象征。通过传承和发扬这些手工艺和传承人的技艺和精神，可以提高人们的文化自觉和文化自信，增强民族凝聚力和向心力。

四、传统手工艺在现代社会的价值与传承

（一）传统手工艺在现代社会的文化价值

传统手工艺作为文化遗产的重要组成部分，在现代社会中仍然具有不可替代的文化价值。这些手工艺不仅仅是物质的创造，更是精神的传承，它们承载着丰富的历史信息、文化内涵和民族特色。

首先，传统手工艺是连接过去与未来的桥梁。通过对这些手工艺的学习和了解，我们可以更深入地理解一个民族或地区的历史和文化，感受到祖先们的智慧和创造力。同时，这些手工艺也为现代设计提供了丰富的灵感和元素，促进了现代设计与传统文化的融合。

其次，传统手工艺是弘扬民族精神的重要载体。这些手工艺所蕴含的民族精神和文化内涵，是激励一个民族前进的不竭动力。通过传承和发扬这些手工艺，可以增强民族凝聚力和向心力，促进民族团结和社会稳定。

最后，传统手工艺也是国际文化交流的重要媒介。在全球化的背景下，各国之间的文化交流日益频繁。传统手工艺作为一种独特的文化形式，可以在国际文化交流中发挥重要作用。通过展示和推广这些手工艺，可以让更多的人了解和认识一个民族或地区的文化，促进不同文化之间的交流与融合。

（二）传统手工艺在现代社会的经济价值

传统手工艺在现代社会中同样具有显著的经济价值。这些手工艺不仅具有独特的艺术价值和收藏价值，还可以成为文化产业的重要支柱和动力。

首先，传统手工艺可以创造就业机会和增加经济收入。在许多地区，传统手工艺仍然是当地居民的主要收入来源之一。通过发展传统手工艺产业，

可以创造更多的就业机会，提高居民的经济收入和生活水平。

其次，传统手工艺也可以带动相关产业的发展。例如，旅游业、文化创意产业等都与传统手工艺密切相关。通过发展传统手工艺产业，可以吸引更多的游客和投资者前来参观和购买手工艺品，从而带动相关产业的发展和繁荣。

最后，传统手工艺还可以促进区域经济的发展。在一些地区，传统手工艺已经成为当地的特色产业和支柱产业。通过发挥这些手工艺的特色和优势，可以促进区域经济的发展和繁荣，提高地区的知名度和影响力。

（三）传统手工艺在现代社会的传承方式

在现代社会中，传统手工艺的传承方式已经发生了很大的变化。除了传统的师徒传承和家族传承外，还出现了许多新的传承方式。

首先，学校教育成为传承传统手工艺的重要途径。许多学校开始将传统手工艺纳入课程体系中，通过开设相关课程和活动来培养学生的兴趣和爱好。这种方式不仅可以让学生更深入地了解和学习传统手工艺，还可以为传统手工艺的传承培养更多的后继人才。

其次，社会教育和培训机构也发挥着重要作用。这些机构通过开设各种手工艺培训班和课程来传授传统手工艺技艺和知识。这种方式具有灵活性和多样性，可以满足不同人群的需求和兴趣。

最后，网络和新媒体也为传统手工艺的传承提供了新的平台。通过互联网和社交媒体等渠道，可以更方便地传播和展示传统手工艺的魅力和价值。这种方式具有广泛性和互动性，可以让更多的人了解和关注传统手工艺的传承和发展。

（四）传统手工艺在现代社会的创新与发展

传统手工艺在现代社会中需要不断创新和发展才能保持其生命力和活力。这种创新和发展可以从多个方面入手。

首先，在技艺和材料上进行创新。可以借鉴现代科技和工艺来改进传统手工艺的制作方法和材料选择，提高手工艺品的质量和档次。同时，也可以尝试将传统手工艺与现代设计相结合，创造出更具时代感和现代感的手工艺品。

其次，在传承方式和途径上进行创新。可以探索新的传承方式和途径来扩大传统手工艺的影响力和传播范围。例如，可以通过互联网和社交媒体等渠道来传播和展示传统手工艺的魅力和价值；也可以开展各种手工艺比赛和活动来激发人们的兴趣和爱好。

最后，在产业化和市场化方面进行创新。可以通过发展传统手工艺产业来推动其市场化和产业化进程；也可以通过开发具有地方特色的手工艺产品和旅游纪念品等方式来拓宽市场渠道和提高经济效益。

第七章　中华传统节日与习俗的现代演绎

第一节　春节——团圆与希望的象征

一、春节的起源与传说

（一）春节的起源——古代岁首祭祀的演变

春节，作为中华民族最重要的传统节日，其起源可追溯到远古时期的岁首祭祀活动。在古代，人们认为每年的岁首是天地间阴阳交替、万物复苏的重要时刻，因此，会举行盛大的祭祀仪式，祈求新的一年风调雨顺、五谷丰登、人畜兴旺。这种祭祀活动随着时代的演变，逐渐从宗教仪式转变为民间庆祝活动，最终形成了我们所熟知的春节。

首先，春节的起源与古代的天文历法密切相关。在古代，人们通过观察天象来确定农事活动的时间，岁首就是根据太阳在黄道上的位置来确定的。由于古代历法的不完善，岁首的日期在不同朝代有所变动，但总体上都在农历正月初一左右。这一日期的确定，为春节的庆祝活动提供了时间上的依据。

其次，春节的起源与古代社会的农业生产密切相关。在古代，农业生产是社会的经济基础，岁首作为一年的开始，是农民们最为关注的时刻。他们希望通过祭祀活动祈求新的一年里风调雨顺、五谷丰登，以保障自己的生计。这种祈求丰收的心理需求，推动了春节庆祝活动的形成和发展。

最后，春节的起源还与古代社会的宗教信仰和民间信仰密切相关。在古代，人们信仰各种神灵和祖先，认为他们具有超自然的力量，能够保佑自己平安幸福。因此，在岁首这个重要的时刻，人们会举行盛大的祭祀仪式，向神灵和祖先祈求保佑。这种宗教信仰和民间信仰的融入，使得春节庆祝活动具有了深厚的文化内涵和宗教色彩。

（二）春节的传说——年兽的故事

关于春节的传说，最为流传的便是年兽的故事。据传说，在很久以前，有一种名叫"年"的怪兽，每到岁末就会出来伤人。这种怪兽凶猛异常，人们无法抵挡。然而，人们发现年兽害怕红色、火光和巨大的声响。于是，在岁末之际，人们便会在家门口贴上红纸、点燃火把、燃放爆竹，以此驱赶年兽。这种习俗逐渐演变成了春节期间的重要传统活动之一。

年兽的故事不仅寄托了人们对于新年的美好祝愿和期望，也反映了人们对于邪恶力量的斗争精神和勇气。同时，这个故事也告诉我们，在面对困难和挑战时，我们应该勇敢面对、积极应对，用智慧和勇气去战胜它们。这种精神在当今社会仍然具有重要的现实意义和启示作用。

（三）春节的起源与传说的文化意义

春节的起源与传说不仅具有丰富的历史内涵和文化底蕴，还具有深刻的文化意义和社会价值。首先，它们体现了中华民族对于自然和宇宙的敬畏和认识，表达了人们对于和谐、安宁、美好生活的追求和向往。其次，它们展示了中华民族悠久的历史文化和民族精神，传承了中华民族的优秀传统文化和道德观念。最后，它们也为现代社会的文化传承和发展提供了重要的借鉴和启示，促进了中华民族文化的繁荣和发展。

（四）春节的起源与传说的现实影响

春节的起源与传说对现代社会产生了深远的影响。首先，它们为春节的庆祝活动提供了丰富的文化内涵和历史背景，使得春节成了一个具有深厚文化底蕴和广泛社会影响的传统节日。其次，它们也促进了中华民族文化的传承和发展，增强了民族凝聚力和向心力。最后，它们也为我们提供了重要的文化遗产和精神财富，为我们提供了宝贵的历史经验和智慧启示。

二、春节的传统习俗与活动

（一）春节前的准备习俗

春节前的准备习俗是春节庆祝活动的重要组成部分，它体现了中国人对新年到来的期待和对家庭团聚的重视。首先，人们会进行大扫除，即"扫尘"，寓意着除旧迎新，希望新的一年里能够有一个干净、整洁的环境。其次，人们会购买年货，包括食品、衣物、装饰品等，为春节期间的家庭聚餐和拜访亲友做好准备。此外，贴春联、贴窗花、贴福字等传统习俗也是春节前的重要准备工作，它们不仅增添了节日的喜庆氛围，也寄托了人们对新年的美好祝愿。

在这些准备习俗中，我们可以看到中国人对家庭和亲情的重视。大扫除和购买年货都是为了营造一个温馨、和谐的家庭环境，让家人能够在新年里感受到温暖和幸福。贴春联、贴窗花等习俗则是对家庭美好未来的祈愿和祝福。这些习俗体现了中华民族的传统美德和价值观，也传承了中华民族的优秀文化。

（二）春节期间的庆祝活动

春节期间的庆祝活动是春节最具特色的部分，它们丰富多彩、形式多样，吸引了无数人的参与和关注。首先，除夕夜的年夜饭是春节期间最重要的活动之一，它象征着家庭的团聚与和谐。在这一天，人们会准备丰盛的菜肴，与家人共享美食，共度佳节。其次，放鞭炮、放烟花是春节期间的传统习俗之一，它们不仅增添了节日的喜庆氛围，也寄托了人们对新年的美好祝愿。此外，舞龙舞狮、看花灯等传统表演也是春节期间的重要庆祝活动，它们为节日增添了浓厚的文化气息和艺术魅力。

这些庆祝活动不仅展示了中华民族的文化特色和创造力，也体现了中国人民对生活的热爱和对未来的期许。通过参与这些活动，人们可以感受到节日的喜庆氛围和传统文化的魅力，也可以增强民族自豪感和文化自信心。

（三）春节期间的社交习俗

春节期间的社交习俗是春节期间不可或缺的一部分，它们体现了中国人对人际关系和社交礼仪的重视。首先，拜年是春节期间最重要的社交活动之一，人们会拜访亲友、长辈和领导，向他们表达新年的祝福和问候。在拜年时，人们会携带礼物或红包，以示诚意和尊重。其次，走亲访友也是春节期间常见的社交活动之一，人们会利用假期时间走访亲戚和朋友，增进感情和友谊。此外，春节期间还有各种聚餐、聚会等活动，为人们提供了交流和互动的机会。

这些社交习俗不仅有助于增进人们之间的感情和友谊，也有助于传承和弘扬中华民族的传统美德和礼仪文化。通过拜年、走亲访友等活动，人们可以传递亲情、友情和爱情等情感价值，也可以学习和传承中华民族的传统美德和礼仪规范。

（四）春节习俗的现代演变与创新

随着时代的变迁和社会的发展，春节的传统习俗也在不断地演变和创新。首先，一些传统的习俗逐渐被淡化或消失，取而代之的是一些新的庆祝方式和活动。例如，电子鞭炮、网络红包等现代科技手段逐渐融入春节庆祝活动中，为人们提供了更加便捷、环保的庆祝方式。其次，一些地区或民族还保留了一些独特的春节习俗和庆祝活动，如舞龙舞狮、庙会等，这些活动不仅具有浓郁的地方特色和民族风情，也吸引了众多游客前来观赏和参与。最后，一些创新性的春节庆祝活动也逐渐兴起，如春晚、网络拜年等，它们为春节庆祝活动注入了新的活力和元素。

这些现代演变和创新不仅丰富了春节庆祝活动的形式和内容，也体现了中华民族对传统文化的传承和发展。通过创新和发展春节传统习俗，我们可以更好地传承和弘扬中华民族的优秀文化，也可以为现代社会注入更多的文化活力和创新力。

三、春节在现代社会的庆祝方式

（一）家庭团聚与年夜饭的现代化

在现代社会，春节的首要庆祝方式依然是家庭团聚与年夜饭。这一传统习俗体现了中国人对家庭和亲情的重视，是春节文化中不可或缺的一部分。然而，随着时代的变迁，年夜饭的庆祝方式也发生了一些现代化的转变。

首先，年夜饭的地点不再局限于家中，越来越多的人选择到餐厅或酒店享用年夜饭。这不仅省去了准备食材和烹饪的烦琐过程，还能享受到更加专业和美味的菜肴。此外，一些餐厅还会推出具有特色的年夜饭套餐，吸引了众多消费者的眼球。

其次，年夜饭的菜品也变得更加多样化和国际化。除了传统的中国菜肴外，越来越多的餐厅开始引入西式菜品或融合中西元素的创新菜品，以满足不同消费者的口味需求。这种多样化的选择让年夜饭的庆祝方式更加丰富多彩。

最后，家庭团聚的方式也在现代化中得到了延伸。除了面对面的相聚外，人们还可以通过网络视频通话等方式进行远程团聚。这种现代化的团聚方式让身处异地的亲人也能感受到节日的温馨和喜悦。

（二）电子科技在春节庆祝中的应用

在现代社会，电子科技的应用已经渗透到春节庆祝的方方面面。首先，电子红包成了一种新兴的春节祝福方式。通过微信、支付宝等电子支付平台，人们可以方便地发送和接收红包，既省去了携带现金的麻烦，又增添了节日的趣味性。

其次，社交媒体和短视频平台也为春节庆祝提供了更多的可能性。人们可以在这些平台上分享自己的春节照片、视频和故事，与亲朋好友互动和交流。一些短视频平台还会推出春节主题的挑战活动，吸引了大量用户的参与和关注。

此外，电子科技还改变了春节期间的社交方式。人们可以通过网络拜年、线上聚会等方式与亲朋好友互动和交流，即使身处异地也能感受到节日的氛围和温暖。

（三）春节旅游与节日文化体验

在现代社会，春节旅游已经成了一种新的庆祝方式。越来越多的人选择在春节期间外出旅游，感受不同地区的春节文化和风土人情。

春节旅游不仅能让人们放松身心、享受假期，还能让人们深入了解中国的传统文化和民俗风情。在旅游过程中，人们可以参观历史古迹、民俗博物馆等场所，了解当地的历史文化和传统习俗；也可以参加庙会、舞龙舞狮等民俗活动，感受节日的喜庆氛围和民间艺术的魅力。

此外，一些旅游城市和景区还会推出春节主题的特色活动和表演，如烟花秀、灯光秀等，为游客提供更加丰富多彩的节日文化体验。

（四）春节公益活动的兴起

在现代社会，春节公益活动也逐渐兴起。这些活动旨在通过公益行动传递爱心、温暖和正能量，让更多的人感受到节日的温馨和喜悦。

首先，一些企业和组织会开展春节慰问活动，为贫困家庭、孤寡老人等弱势群体送去慰问品和祝福。这种活动不仅让受助者感受到了社会的关爱和温暖，也弘扬了中华民族的传统美德和奉献精神。

其次，一些志愿者也会利用春节假期参与公益活动和志愿服务。他们会在社区、学校、医院等场所开展各种形式的志愿服务活动，为社会贡献自己的力量。这种活动不仅体现了志愿者的奉献精神和社会责任感，也传递了爱心和正能量。

最后，一些公益组织和机构还会开展春节主题的公益活动，如"春节送温暖"等，通过实际行动为需要帮助的人送去温暖和关爱。这些活动不仅弘扬了中华民族的传统美德和慈善精神，也促进了社会的和谐与稳定。

四、春节文化的现代价值与意义

（一）家庭团聚与亲情纽带的强化

春节文化的现代价值首先体现在家庭团聚与亲情纽带的强化上。在现代社会，随着城市化进程的加速和生活节奏的加快，家庭成员之间的物理距离和心理距离逐渐拉大。春节作为一年中最重要的传统节日，为人们提供了一个重要的团聚机会。在春节期间，无论身处何方，人们都会尽量回到家乡，与亲人团聚，共度佳节。这种团聚不仅是对过去一年辛勤付出的回报，也是对亲情和家庭的珍视和维系。通过春节的团聚，人们可以加深彼此之间的了解和感情，强化家庭纽带，促进家庭和谐。

此外，春节的团聚习俗也体现了中华民族尊老爱幼、注重家庭的传统美德。在春节期间，晚辈会向长辈拜年，表达敬意和祝福；长辈也会给予晚辈关爱和期望。这种传统习俗不仅有助于传承和弘扬中华民族的传统美德，也有助于培养人们的家庭责任感和社会责任感。

（二）文化传承与民族精神的弘扬

春节文化的现代价值还体现在文化传承与民族精神的弘扬上。春节作为中华民族最重要的传统节日之一，蕴含着丰富的文化内涵和历史底蕴。通过庆祝春节，人们可以了解和传承中华民族的传统文化和民俗风情，如贴春联、放鞭炮、舞龙舞狮等。这些传统习俗不仅具有独特的文化魅力和艺术价值，也体现了中华民族勤劳智慧、团结奋进、自强不息的民族精神。

在现代社会，随着全球化的加速和多元文化的冲击，传承和弘扬民族精神显得尤为重要。春节文化的庆祝活动为人们提供了一个重要的文化展示和交流平台。通过参与和观看春节庆祝活动，人们可以感受到中华文化的博大精深和独特魅力，增强文化自信和民族自豪感。同时，春节文化的传承也有助于加强民族团结和文化认同，促进中华民族的凝聚力和向心力。

（三）社会和谐与人际关系的促进

春节文化的现代价值还体现在社会和谐与人际关系的促进上。春节期间，人们会进行一系列的社交活动，如拜年、走亲访友等。这些活动不仅有助于增进人们之间的感情和友谊，也有助于促进社会的和谐与稳定。在拜年活动中，人们会相互祝福、表达关切和感谢；在走亲访友中，人们会分享彼此的生活经验和感受。这些互动和交流有助于消除隔阂和误解，增进了解和信任，促进人际关系的和谐与融洽。

此外，春节的庆祝活动也强调了社会和谐和共同发展的理念。在春节期间，人们会共同庆祝新年的到来，祈求新年的平安和幸福。这种共同庆祝和祈求不仅体现了人们对美好生活的向往和追求，也体现了社会和谐和共同发展的理念。通过春节的庆祝活动，人们可以感受到社会的温暖和关爱，增强社会的凝聚力和向心力。

（四）经济发展与消费拉动

春节文化的现代价值还体现在经济发展与消费拉动上。春节期间，人们的消费需求会大幅增加，从而带动相关产业的发展和经济的增长。在春节期间，人们会购买年货、新衣、礼品等物品，这些消费不仅满足了人们的物质需求，也促进了相关产业的繁荣和发展。同时，春节的庆祝活动也为人们提供了休闲娱乐的机会，如观看春晚、参加庙会等。这些活动不仅丰富了人们的节日生活，也拉动了相关产业的消费和发展。

此外，春节的庆祝活动还为人们提供了展示和创新的平台。在春节期间，各种创意产品、特色服务和文化活动层出不穷，这些创新和创意不仅满足了人们的多元化需求，也促进了相关产业的创新和发展。通过春节的庆祝活动，人们可以感受到经济的活力和潜力，增强对经济发展的信心和期待。

第二节　清明节——纪念与传承的仪式

一、清明节的起源与意义

（一）清明节的起源

清明节，又称踏青节、行清节、三月节、祭祖节等，是中华民族传统的重大春祭节日，其起源可追溯到古代社会的祭祀活动。据史书记载，清明节的起源与古代帝王将相的"墓祭"之礼密切相关。这种祭祀活动最初是为了表达对已故先人的怀念和尊敬，逐渐演变成了一种固定的节日习俗。

关于清明节的起源，还有一种说法与寒食节有关。寒食节是中国古代的一个节日，传说在寒食节期间，人们为了纪念被火焚死的介子推，禁止生火做饭，只能吃冷食。随着时间的推移，寒食节与清明节逐渐融合，清明节的习俗也吸收了寒食节的某些特点。

在民间传说中，清明节的起源还与一个感人至深的故事相关。相传春秋战国时代，晋献公的妃子骊姬为了让自己的儿子奚齐继位，设毒计谋害太子申生。申生的弟弟重耳为了躲避祸害，流亡出走。在流亡期间，重耳受尽了屈辱，但有一位忠心的臣子介子推始终追随在他身边。有一次，重耳饿晕了过去，介子推为了救他，从自己腿上割下一块肉烤熟后送给重耳吃。后来，重耳回国做了君主，即春秋五霸之一的晋文公。然而，他在封赏功臣时却忘记了介子推。介子推因此隐居山林，晋文公为了逼他出来，下令放火烧山。结果，介子推和母亲抱着一棵烧焦的大柳树被烧死了。晋文公为了纪念介子推，下令将介子推母子葬于绵山，改绵山为介山，并在山上建立祠堂，还把放火烧山的这一天定为寒食节，晓谕全国，每年这天禁忌烟火，只吃寒食。第二年，晋文公登山祭奠，发现老柳树死而复活，便赐老柳树为"清明柳"，并晓谕天下，把寒食节的后一天定为清明节。

（二）清明节的意义

清明节的意义主要体现在以下几个方面：

缅怀先祖及革命烈士：清明节是祭祀、祭祖和扫墓的节日，人们通过扫墓、祭拜等活动，表达对祖先的尊敬和怀念之情。同时，清明节也是缅怀革命烈士的重要时刻，人们通过参观烈士陵园、纪念馆等场所，缅怀那些为国家和民族作出杰出贡献的英雄们。

传承中华文化：清明节作为中华民族的传统节日之一，具有深厚的文化底蕴和历史内涵。通过庆祝清明节，人们可以传承和弘扬中华民族的优秀传统文化，增强文化自信心和民族自豪感。

促进社会和谐：清明节是一个家庭团聚的节日，人们通过共同祭祀、踏青等活动，增进家庭成员之间的感情和凝聚力。同时，清明节也是一个社会交往的节日，人们通过走亲访友、互赠礼物等方式，加强社会联系和交往，促进社会和谐与稳定。

弘扬孝道精神：清明节是弘扬孝道精神的重要时刻。在祭祀和扫墓的过程中，人们不仅表达对祖先的尊敬和怀念之情，也表达对父母的感恩和孝顺之心。这种孝道精神是中华民族的传统美德之一，也是现代社会需要倡导和弘扬的重要价值观念。

（三）清明节与自然节律的关联

清明节作为农历二十四节气之一，与自然节律的关联十分紧密。清明节的出现，标志着春天的到来和冬季的结束，是大地回春、万物复苏的重要时刻。此时，阳光明媚、草木葱茏，正是人们踏青郊游、享受春光的最佳时节。

从农业生产的角度来看，清明节是春耕春种的大好时节。此时，气温逐渐回升，雨水充沛，有利于农作物的生长和发育。因此，农民们会抓住这个时机，积极开展春耕春种工作，为全年的农业生产打下坚实基础。

同时，清明节也是观察自然现象、研究气候变化的重要时刻。通过观察清明时节的气候变化、植物生长等自然现象，人们可以了解自然界的规律，为农业生产和生活提供重要参考。

（四）清明节的文化内涵与精神价值

清明节不仅是一个重要的传统节日，更是一个具有丰富文化内涵和精神价值的节日。在清明节期间，人们通过祭祀、扫墓、踏青等活动，表达对祖先的尊敬和怀念之情，同时也展现了中华民族尊老爱幼、注重家庭的传统美德。

此外，清明节还体现了中华民族追求和谐、注重人与自然关系的精神。在清明节期间，人们会走出户外，欣赏大自然的美景，感受春天的气息，这种亲近自然、融入自然的行为，有助于培养人们的环保意识，促进人与自然的和谐共生。

更重要的是，清明节弘扬了中华民族的孝道精神。孝道是中华民族的传统美德之一，也是现代社会需要倡导和弘扬的重要价值观念。在清明节期间，人们通过祭祀、扫墓等活动，表达对父母的感恩和孝顺之心，这种孝道精神不仅是对父母的尊重和关爱，更是对家庭、社会和国家的一种责任和担当。

清明节的起源与意义体现了中华民族深厚的文化底蕴和历史内涵，通过庆祝清明节，人们不仅可以缅怀先祖、传承文化，还可以促进社会和谐、弘扬孝道精神，这些都具有重要的现代价值和意义。

二、清明节的传统习俗与活动

（一）扫墓祭祖与慎终追远

清明节最为核心的传统习俗便是扫墓祭祖，这是中华民族千百年来慎终追远、缅怀先人的重要仪式。在清明节期间，家人们会携带酒食果品、鲜花等祭品，前往祖先的墓地，清理杂草、修缮墓碑，摆放供品，向已故亲人表达深切的哀思与敬意。这一习俗不仅体现了对祖先的尊敬和怀念，也弘扬了中华民族注重孝道、尊重传统的美德。

扫墓祭祖的仪式通常庄重而肃穆，人们会穿着整洁的服装，佩戴白色的花朵或柳条，以示对祖先的尊敬和怀念。在扫墓过程中，人们会向祖先讲述家族的历史和现状，祈求祖先的保佑和庇护。这种仪式不仅是对已故亲人的怀念，也是家族凝聚力的体现。

同时，扫墓祭祖的习俗也体现了中华民族对生命的敬畏和尊重。人们通过祭祀活动，表达对生命的珍视和尊重，同时也提醒自己要珍惜生命、感恩生活。

（二）踏青郊游与感受春光

除了扫墓祭祖外，清明节也是人们亲近自然、感受春光的重要时刻。在清明节期间，人们会纷纷走出家门，踏青郊游，欣赏春天的美景。这一习俗不仅有助于缓解人们的工作压力和生活压力，也有助于促进身心健康。

踏青郊游的活动形式多种多样，包括登山、赏花、野餐、放风筝等。在踏青过程中，人们可以欣赏到春天的美景，感受到大自然的生机和活力。同时，人们还可以与家人、朋友一起分享快乐时光，增进彼此之间的感情。

踏青郊游的传统习俗也体现了中华民族对自然的热爱和敬畏。人们通过亲近自然、感受春光的方式，表达对大自然的感激和尊重，同时也提醒自己要保护自然、珍爱环境。

（三）传统食品与节日氛围

清明节期间，人们还会准备各种传统食品来庆祝节日。其中最为特色的是青团和鸡蛋。青团是用糯米粉和艾草汁制成的传统小吃，口感软糯香甜，寓意着团圆和幸福。而鸡蛋则象征着新生和希望，人们通常会将鸡蛋煮熟后涂上各种颜色，称为"五彩蛋"，寓意着生活丰富多彩、幸福美满。

这些传统食品不仅丰富了人们的节日生活，也增添了节日的氛围和色彩。人们通过品尝传统食品的方式，感受节日的温馨和喜悦，同时也传承和弘扬了中华民族的传统文化和饮食文化。

（四）民间娱乐与体育活动

在清明节期间，人们还会进行各种民间娱乐和体育活动来庆祝节日。其中最为流行的习俗包括放风筝、荡秋千、蹴鞠等。放风筝是一项古老的民间活动，人们通过放飞风筝的方式，祈求风调雨顺、五谷丰登。荡秋千则是一项古老的娱乐活动，人们通过荡秋千的方式，感受春天的气息和生命的活力。蹴鞠则是一种古老的足球运动，人们通过蹴鞠的方式，锻炼身体、增强体质。

这些民间娱乐和体育活动不仅丰富了人们的节日生活，也体现了中华民族注重身心健康、追求和谐生活的精神。通过参与这些活动，人们可以感受到节日的欢乐和喜庆，同时也传承和弘扬了中华民族的传统文化和体育精神。

三、清明节在现代社会的演变

（一）祭拜方式的现代化与多样化

随着社会的快速发展，清明节的祭拜方式也在逐步现代化和多样化。传统的家庙、家祠或宗祠祭拜方式已经逐渐被公共墓地、陵园等现代场所取代。人们可以选择前往墓地献花，或在纪念碑前默哀祈福。此外，互联网的发展为清明节祭拜提供了全新的方式，如网络祭祀、虚拟扫墓等，使得即使身处异地的人们也能通过网络表达对逝去亲人的哀思和缅怀。

现代祭拜方式的多样化不仅体现了社会文化的进步，也反映了人们对清明节这一传统节日的尊重和珍视。网络祭祀等新型祭拜方式的出现，使得清明节的祭拜活动更加便捷、高效，同时也为那些无法亲自前往墓地的人们提供了参与节日的机会。此外，多样化的祭拜方式也使得清明节的文化内涵得到了更广泛的传播和弘扬。

（二）扫墓活动的简约化与环保化

在现代社会，由于生活节奏的加快和环保意识的提高，清明节的扫墓活动也逐渐呈现出简约化和环保化的趋势。人们更加注重对墓地的清洁和维护，减少燃放鞭炮等传统扫墓方式带来的环境污染。同时，一些新型环保扫墓方式也逐渐受到人们的青睐，如使用鲜花、绿植等物品代替纸钱和鞭炮，既表达了对亲人的怀念之情，又符合环保理念。

简约化和环保化的扫墓活动不仅有助于保护环境、减少污染，也体现了现代社会对传统文化的传承和发展。这种新型的扫墓方式不仅继承了传统扫墓活动的精神内涵，还注入了现代社会的环保理念，使得清明节这一传统节日在现代社会焕发出新的生机和活力。

（三）节日氛围的丰富化与国际化

随着全球化的发展和文化交流的加深，清明节的节日氛围也逐渐呈现出丰富化和国际化的趋势。一方面，人们在清明节期间会举办各种文化活动，如清明诗会、清明音乐会等，以传承和弘扬中华民族传统文化。另一方面，清明节也逐渐被国际社会所认识和接受，一些国家和地区也开始举办与清明节相关的文化活动，促进了中华文化的国际传播和交流。

节日氛围的丰富化和国际化不仅有助于推动中华文化的传承和发展，也增强了清明节这一传统节日的国际影响力和竞争力。通过举办各种文化活动和国际交流活动，可以让更多的人了解和认识清明节这一传统节日的文化内涵和历史价值，从而推动中华文化的国际传播和交流。

（四）社会功能的拓展与深化

在现代社会，清明节的社会功能也在逐步拓展和深化。除了传统的祭祖扫墓活动外，清明节还逐渐成了一个家庭团聚、社会交往的重要时刻。人们可以利用这个假期回家探亲、走亲访友，增进家庭和社会之间的联系和感情。同时，清明节也逐渐成了一个旅游和休闲的好时机，人们可以选择前往自然风景区或历史文化名城旅游观光、放松身心。

社会功能的拓展和深化不仅使得清明节这一传统节日在现代社会具有更

加丰富的内涵和更加广泛的影响力，也体现了现代社会对传统文化的重视和尊重。通过拓展和深化清明节的社会功能，可以让更多的人了解和认识这一传统节日的文化内涵和历史价值，从而推动中华文化的传承和发展。

四、清明节文化的传承与发展

（一）传统习俗的坚守与创新

清明节文化的传承首先体现在对传统习俗的坚守与创新上。扫墓、祭祖作为清明节最为核心的习俗，一直以来都受到人们的重视和尊崇。在现代社会，这一传统习俗得以保留，并得到了新的诠释和发展。人们不仅保持着对先人的缅怀之情，还通过更加环保、文明的方式来表达敬意，如使用鲜花代替纸钱、通过网络祭祀等。

同时，清明节文化的传承也需要在坚守传统的基础上进行创新。例如，可以结合现代科技手段，开发线上扫墓、虚拟祭祀等新型祭祀方式，让更多人能够方便地参与到清明节的祭祀活动中来。此外，还可以将清明节与旅游、文化展示等相结合，打造具有地方特色的清明节文化活动，吸引更多人了解和参与。

（二）文化价值的挖掘与弘扬

清明节文化的传承需要深入挖掘其文化价值，并大力弘扬。清明节不仅是一个祭祀祖先的节日，更是一个体现中华民族尊老爱幼、注重家庭美德的节日。通过深入挖掘清明节的文化内涵，可以让更多人了解到这一节日的历史渊源、文化意义和社会价值，从而增强人们的文化自信和民族自豪感。

同时，还需要通过各种渠道和方式，大力弘扬清明节的文化价值。例如，可以通过媒体宣传、学校教育、社区活动等多种途径，向公众普及清明节的文化知识，引导人们树立正确的家庭观、道德观和价值观。此外，还可以将清明节文化与地方文化、民族文化等相结合，形成具有地方特色的文化品牌，推动地方文化的传承和发展。

（三）社会功能的拓展与提升

随着社会的发展和时代的变迁，清明节的社会功能也在不断拓展和提升。除了传统的祭祀祖先、缅怀先人的功能外，清明节还逐渐成了家庭团聚、社会交往的重要时刻。人们可以利用这个假期回家探亲、走亲访友，增进家庭和社会之间的联系和感情。同时，清明节也逐渐成了一个旅游和休闲的好时机，人们可以选择前往自然风景区或历史文化名城旅游观光、放松身心。

为了更好地传承和发展清明节文化，需要不断拓展和提升其社会功能。例如，可以加强清明节期间的文化活动和旅游服务，为游客提供更加丰富多彩的旅游体验；可以开展多种形式的家庭和社会活动，增进家庭和社会之间的联系和感情；还可以结合清明节的文化内涵，开展各种公益活动和志愿服务活动，推动社会的和谐与进步。

（四）国际交流与合作的加强

在全球化的背景下，加强国际交流与合作对于清明节文化的传承与发展具有重要意义。通过与国际社会的交流与合作，可以让更多人了解和认识清明节这一传统节日的文化内涵和历史价值，推动中华文化的国际传播和交流。

为了加强国际交流与合作，可以积极开展文化交流活动，如举办清明节文化展览、演出等；可以加强与国外文化机构和组织的联系与合作，共同推动清明节文化的传承和发展；还可以鼓励和支持国内文化企业和机构走出国门，参与国际文化交流活动，展示中华文化的独特魅力和价值。通过这些努力，可以让清明节这一传统节日在国际上得到更广泛的认可和尊重，为中华文化的传承和发展贡献力量。

第三节　端午节——文化与自然的和谐

一、端午节的起源与传说

（一）历史渊源与古代星象文化

端午节的起源，深深植根于中国古代的星象文化和人文哲学之中。据史书记载，端午节最早源于对自然天象的崇拜，尤其是与苍龙七宿飞升于正南中央的天文现象密切相关。在中国古代的天文观中，苍龙七宿被赋予了极其重要的地位，被视为吉祥和力量的象征。当仲夏端午时节，苍龙七宿飞升至全年最"中正"之位，即《易经·乾卦》第五爻所描述的"飞龙在天"的吉祥日，人们便以端午节来庆祝这一天文现象，祈求吉祥和丰收。

此外，端午节的起源还与古代农耕文化紧密相连。在古代，端午节是农耕时节的重要节点，人们在这一天会举行各种仪式，祈求风调雨顺、五谷丰登。这些仪式不仅体现了人们对自然的敬畏和尊重，也反映了古代农耕社会的生活方式和价值观念。

（二）屈原投江与端午节纪念

屈原是中国历史上著名的爱国诗人，他的投江自尽成了端午节纪念的重要传说。据《史记》记载，屈原在楚国遭受谗言陷害，被流放至汨罗江畔。在流放期间，他深感国家危亡、人民疾苦，写下了许多忧国忧民的诗篇。然而，最终他仍未能挽回楚国的颓势，在五月初五这一天投江自尽。当地百姓闻讯后纷纷划船捞救，但始终未能找到屈原的尸体。为了寄托哀思，人们荡舟江河之上，并将米团投入江中，以免鱼虾糟蹋屈原的尸体。这一习俗逐渐演化为端午节的重要活动——赛龙舟和吃粽子。

屈原的传说不仅丰富了端午节的文化内涵，也使其成为中华民族爱国主义的象征。通过纪念屈原，人们不仅表达了对这位伟大诗人的敬仰和怀念之情，也传承了中华民族不屈不挠、自强不息的精神。

（三）其他历史人物与端午节传说

除了屈原之外，端午节还与许多其他历史人物和传说相关联。例如，在江浙一带流传着纪念伍子胥的说法。伍子胥是春秋时期吴国的大臣，因被谗言陷害而自尽身亡。人们为了纪念他，便在端午节这一天举行各种活动。此外，还有纪念曹娥、介子推等历史人物的说法，这些传说都丰富了端午节的文化内涵和历史底蕴。

这些历史人物和传说的融入，不仅让端午节的文化内涵更加丰富多彩，也体现了中华民族对忠孝、勇敢等价值观的尊重和追求。通过纪念这些历史人物，人们不仅传承了中华民族的文化传统，也弘扬了社会正能量和人文精神。

（四）端午节的民间信仰与习俗

端午节的民间信仰和习俗也是其起源和发展的重要组成部分。在端午节这一天，人们会进行各种民俗活动，如挂艾草、菖蒲、喝雄黄酒等，这些活动都寓意着人们祈求平安健康的美好愿望。此外，人们还会在端午节期间举行龙舟竞渡、吃粽子等传统习俗活动，这些活动不仅具有娱乐性和观赏性，也体现了中华民族团结奋进、勇往直前的精神风貌。

这些民间信仰和习俗的融入，不仅让端午节更加具有民俗特色和地域特色，也体现了中华民族对传统文化的珍视和传承。通过参与这些活动，人们不仅可以感受到浓厚的节日氛围和文化气息，也可以更加深入地了解和体验中华民族的传统文化。

二、端午节的传统习俗与活动

（一）赛龙舟的激情与团队精神

赛龙舟是端午节最为人们所熟知的传统习俗之一，它不仅是一项富有激情的体育竞技活动，更是中华民族团结、拼搏精神的集中体现。赛龙舟的起源与屈原投江的传说紧密相连，人们划龙舟是为了寻找屈原的遗体，表达对这位伟大诗人的敬仰和怀念。随着时间的推移，赛龙舟逐渐演变成了一项全民参与的盛大节日活动。

在赛龙舟的现场，鼓声震天、人声鼎沸，各支队伍奋力划桨，争夺胜利。这种场面不仅展现了运动员们的力量和速度，更体现了团队的协作和默契。每个队员都全力以赴，为团队的荣誉而拼搏，这种精神在赛龙舟中得到了充分的体现。

赛龙舟不仅仅是一项体育竞技活动，它更是一种文化的传承和弘扬。通过赛龙舟，人们不仅能够感受到中华民族传统文化的魅力，还能够增强团结意识，培养协作精神。在现代社会，赛龙舟已经成了一项重要的文化符号，代表着中华民族的精神风貌和文化底蕴。

（二）包粽子的手艺与家庭情感

端午节吃粽子是另一个重要的传统习俗。粽子是用糯米、红枣、豆沙等食材包裹在竹叶或荷叶中蒸煮而成的美食。包粽子的过程需要精细的手艺和耐心，每个家庭都会根据自己的口味和习惯来制作粽子。

粽子不仅是端午节的美食，更是家庭情感的载体。在端午节这一天，家人们会一起包粽子、分享粽子，享受家庭团聚的温馨和快乐。通过包粽子，家人们不仅能够传承和弘扬传统文化，还能够增进彼此之间的情感联系和亲情纽带。

在现代社会，随着生活节奏的加快和人们生活方式的改变，很多传统的手艺和文化正在逐渐消失。然而，包粽子这一传统习俗却得到了广泛的传承和弘扬。人们不仅在家中制作粽子，还会在社交媒体上分享自己的粽子作品和制作经验，让更多的人了解和参与这一传统习俗。

（三）挂艾草与驱邪避疫的信仰

端午节挂艾草是另一个重要的传统习俗。人们认为艾草具有驱邪避疫的作用，因此在端午节这一天会在门前挂上艾草以祈求平安健康。这一习俗的起源与古代人们的信仰和观念密切相关，反映了人们对健康和安全的追求和向往。

在现代社会，虽然科技的发展和医学的进步已经让人们能够更好地抵御疾病和病毒的侵袭，但是挂艾草这一传统习俗却仍然得到了广泛的传承和保留。人们不仅会在端午节这一天挂上艾草，还会在日常生活中使用艾草来驱蚊防虫、净化空气等。这一习俗的保留不仅体现了人们对传统文化的尊重和珍视，也反映了人们对健康和安全的关注和追求。

（四）端午节的其他传统习俗与活动

除了赛龙舟、包粽子和挂艾草之外，端午节还有许多其他的传统习俗和活动。例如，在端午节这一天人们会佩戴香包、五彩线等物品以祈求平安吉祥；在一些地区还会举行喝雄黄酒、画额等传统习俗活动以祈求健康长寿；此外还有一些与端午节相关的民间传说和故事如"白娘子饮雄黄酒现原形"等也为端午节增添了浓厚的文化色彩。

这些传统习俗和活动的存在不仅丰富了端午节的文化内涵和历史底蕴，也让人们更加深入地了解和体验中华民族的传统文化。在现代社会，我们应该更加珍视和传承这些传统文化遗产，让它们在新的时代焕发出新的生机和活力。

三、端午节在现代社会的创新形式

（一）科技融合与线上活动

随着科技的飞速发展，端午节在现代社会呈现出许多创新形式。线上活动成为端午节庆祝的新趋势，通过互联网技术，人们可以跨越地域限制，共同参与端午节的庆祝活动。例如，线上龙舟赛成为热门活动，参与者通过虚拟的龙舟进行比赛，体验赛龙舟的激情与乐趣。同时，社交媒体平台也推出了各种端午节主题的互动游戏和话题讨论，吸引用户积极参与。这些创新形式不仅拓宽了端午节的传播渠道，也让更多年轻人能够感受到传统节日的魅力。

在科技融合方面，端午节的相关元素也被赋予了新的生命。通过虚拟现实（VR）和增强现实（AR）技术，人们可以身临其境地体验端午节的传统习俗。例如，通过 VR 技术，人们可以模拟划龙舟的场景，感受赛龙舟的紧张刺激；通过 AR 技术，人们可以在家中通过手机或平板电脑看到虚拟的粽子制作过程，增加节日的趣味性。这些科技融合的创新形式为端午节注入了新的活力，让传统节日更加贴近现代生活。

（二）文化融合与创意表达

在现代社会，文化融合成为端午节创新的重要方向。通过将端午节与其他文化元素相结合，可以创造出丰富多样的节日表达方式。例如，端午节与西方节日文化的结合，诞生了诸如"粽子节"这样的新兴节日，通过庆祝吃粽子的习俗，吸引更多年轻人参与。同时，一些艺术家和设计师也将端午节元素融到他们的作品中，创作出具有独特风格的端午节艺术品和纪念品，让人们在欣赏美的同时感受到传统节日的魅力。

在文化融合的基础上，创意表达也为端午节增添了新的亮点。人们通过创意的方式将端午节的传统习俗进行现代化演绎，例如通过现代舞蹈、音乐、戏剧等艺术形式展现端午节的故事情节和文化内涵。这些创意表达不仅丰富了端午节的庆祝形式，也让传统节日更加符合现代人的审美和品味。

（三）环保理念与绿色庆祝

在现代社会，环保理念逐渐成为人们关注的焦点。端午节作为传统节日，也需要在庆祝过程中注重环保和绿色。例如，在赛龙舟活动中，可以推广使用环保材料制作的龙舟和道具，减少对环境的影响。同时，在包粽子过程中，也可以提倡使用可降解的包装材料和环保的烹饪方式，减少浪费和污染。

除了在庆祝过程中的环保措施外，还可以开展以环保为主题的端午节活动。例如组织志愿者参与河流清洁行动、宣传环保知识等，通过实际行动倡导人们关注环境问题、珍惜自然资源。这些绿色庆祝的形式不仅体现了现代社会对环保理念的重视和支持，也让端午节成为传承环保精神的重要载体。

（四）社区参与与民间传承

在现代社会，社区参与和民间传承成为端午节创新的重要力量。通过社区组织的各种端午节活动，可以让更多居民了解和参与到端午节的庆祝中来。例如社区可以组织包粽子比赛、龙舟表演等活动吸引居民参与；同时也可以通过开展端午节文化讲座、展览等活动让居民更深入地了解端午节的历史和文化内涵。

在民间传承方面，老一辈的传承人和艺术家发挥着重要作用。他们通过传授包粽子技巧、龙舟制作等传统文化技艺传授给年轻一代；同时也通过创作端午节相关的艺术作品和纪念品来传承和弘扬传统文化。这些民间传承的形式不仅丰富了端午节的文化内涵也增强了传统文化的生命力。

四、端午节文化的现代价值与意义

（一）弘扬民族传统与文化自信

端午节作为中国传统的重要节日，承载着丰富的历史和文化内涵。在现代社会，弘扬端午节文化不仅是对中华民族传统的尊重和传承，更是增强文化自信的重要途径。通过庆祝端午节，我们可以让更多人了解和认同中华民族的文化根源，加深对传统文化的理解和尊重。这种文化自信不仅有助于我们更好地认识自己，也有助于我们在全球化背景下更好地展示中华文化的独特魅力和价值。

同时，端午节文化的弘扬还可以激发人们的民族自豪感和归属感。在这个节日里，人们通过共同庆祝、分享习俗、传承技艺等活动，增进了彼此之间的情感联系和文化认同。这种归属感和自豪感有助于增强社会的凝聚力和向心力，促进社会的和谐与稳定。

（二）促进文化交流与融合

端午节作为世界非物质文化遗产，具有广泛的国际影响力。在现代社会，通过推广端午节文化，可以促进不同文化之间的交流与融合。例如，在国际文化交流活动中，可以举办端午节主题的文化展览、演出等活动，让外国友人了解和体验端午节的传统文化和习俗。这种文化交流不仅有助于增进不同民族之间的了解和友谊，也有助于推动世界文化的多样性和繁荣发展。

同时，端午节文化的推广还可以为中外文化交流搭建桥梁。通过向外国友人介绍端午节的起源、传说、习俗等内容，可以增进他们对中华文化的认识和兴趣。同时，也可以从外国文化中汲取营养，丰富和发展端午节文化的内涵和形式。这种文化交流与融合有助于推动中华文化走向世界，提升中华文化的国际影响力。

（三）传承与创新相结合，推动文化创新与发展

端午节文化的现代价值不仅体现在传承上，更体现在创新与发展上。在现代社会，我们需要将传统端午节文化与时代精神相结合，推动文化创新与发展。例如，在端午节庆祝活动中，可以引入现代科技手段和艺术形式，让传统节日焕发出新的生机和活力。同时，也可以挖掘端午节文化的深层内涵，探索新的文化表达方式和载体，让传统节日文化更好地融入现代生活。

在传承与创新相结合的过程中，我们需要注重保持端午节文化的本真性和独特性。在引入现代元素的同时，也要尊重和保护传统文化的核心价值和精神内涵。这种传承与创新相结合的方式有助于推动端午节文化的创新与发展，让传统文化在现代社会中焕发出新的光彩。

（四）提升社会文明程度与人文素养

端午节文化的现代价值与意义还体现在提升社会文明程度和人文素养方面。通过庆祝端午节，我们可以引导人们注重家庭和睦、邻里团结等社会美德的培养和实践。同时，也可以通过开展各种公益活动和文化活动，提升人们的文化素养和道德水平。

在端午节庆祝活动中，我们可以倡导尊老爱幼、关爱弱势群体等社会风尚，弘扬社会正能量和人文精神。这种社会风尚的培育和实践有助于提升社会文明程度和人文素养，促进社会的和谐与进步。同时，也可以让人们在参与节日活动的过程中感受到文化的魅力和力量，增强对传统文化的认同感和自豪感。

第四节　中秋节——团圆与感恩的文化

一、中秋节的起源与传说

（一）起源：古代祭月的传统

中秋节的起源，可追溯到远古时代人们对月亮的崇拜与祭祀。古代历法将一年分为四季，每季又分孟、仲、季三个月，农历八月恰值秋季之中，故称为"仲秋"，而八月十五又处于"仲秋"之中，所以得名"中秋"。古人认为中秋之夜是月亮最圆的时候，故又称"月圆节"或"圆月节"。

据史籍记载，中秋节的起源与古代秋祀、拜月习俗密切相关。在古代，人们认为中秋之夜是月亮最圆的时候，因此也被称为"圆月节"或"圆节"。在这一天，人们会举行祭月仪式，向月亮祈福，祈求丰收和平安。这种习俗逐渐演变成了中秋节赏月、吃月饼等习俗。

此外，古代中秋节的起源还与农业生产有着密切的关系。中秋时节，正是秋收之际，人们为了庆祝丰收，感谢大自然的恩赐，于是便在中秋之夜举行各种庆祝活动，逐渐形成了中秋节的传统。

（二）传说：嫦娥奔月的故事

关于中秋节的传说，最为流传的是嫦娥奔月的故事。据传说，嫦娥是后羿的妻子，她因为误食了后羿从西王母那里求来的仙丹，而飞升到月宫成为仙女。后羿因为思念妻子，便在中秋之夜仰望明月，寄托自己的思念之情。这个传说不仅体现了古人对月亮的崇拜，也反映了人们对于家庭团圆、美满生活的向往。

嫦娥奔月的故事在中国流传甚广，不仅被写入了许多文学作品和诗词歌赋中，还被改编成了各种形式的艺术作品，如绘画、雕塑、戏曲等。这个故事不仅丰富了中秋节的文化内涵，也成了中国传统文化中的重要组成部分。

（三）文化意涵：团圆与和谐

中秋节作为中国传统文化中的重要节日，蕴含着丰富的文化意涵。其中最为核心的是团圆与和谐的精神。在中秋节这一天，人们通常会回家与家人团聚，共同赏月、吃月饼、话家常。这种团聚不仅是对家人的思念和关爱，更是对家庭和睦、和谐社会的追求和向往。

同时，中秋节也体现了中华民族尊老爱幼、重视家庭的传统美德。在这一天，人们会尊重长辈、关爱晚辈，传承家族文化和家族精神。这种传统美德的弘扬不仅有助于家庭和睦、社会和谐，也有助于培养人们的道德品质和人文素养。

（四）现代意义：传承与创新

在现代社会，中秋节依然保持着其独特的魅力和价值。一方面，中秋节作为传统文化的重要载体，有助于传承和弘扬中华民族的优秀传统文化；另一方面，随着时代的发展和社会的变迁，中秋节也在不断地创新和发展。

在现代社会，人们通过各种方式庆祝中秋节，如赏月、吃月饼、赏花灯等。同时，一些新的庆祝方式也逐渐兴起，如网络赏月、虚拟月饼等。这些新的庆祝方式不仅丰富了中秋节的文化内涵和庆祝形式，也满足了现代人的多元化需求。

此外，中秋节还成了促进国际文化交流的重要平台。随着全球化的加速和文化的多元化发展，中秋节也逐渐成了连接不同国家和文化的重要桥梁。通过庆祝中秋节，不同国家和地区的人们可以增进相互了解和友谊，共同推动文化的多样性和繁荣发展。

二、中秋节的传统习俗与活动

（一）赏月与祭月

赏月是中秋节最为核心的传统习俗之一。自古以来，人们便在这一天抬头仰望明亮的圆月，寄托对美好生活的向往和思念之情。古人认为中秋之夜是月亮最圆的时候，因此也被称为"月圆节"或"圆月节"。在这一天，家家户户都会走出户外，欣赏皎洁的月光，享受与家人共度的美好时光。

除了赏月，祭月也是中秋节的重要习俗。在古代，人们会在中秋之夜举行祭月仪式，向月亮祈福，祈求丰收和平安。这种习俗体现了古人对月亮的崇拜和敬畏之情，也反映了人们对大自然的敬畏和感恩之心。在祭月仪式中，人们会准备各种供品，如水果、月饼等，以示对月亮的敬意和感谢。

（二）吃月饼与团圆宴

吃月饼是中秋节最为流行的传统习俗之一。月饼作为中秋节的特色食品，不仅形状圆满寓意着团圆和美满，而且口味丰富多样，满足了人们的味蕾需求。在中秋节这一天，家家户户都会准备各种口味的月饼，与家人一起分享美味佳肴。吃月饼不仅是对味蕾的享受，更是对家庭团圆和美好生活的向往。

除了吃月饼，团圆宴也是中秋节必不可少的活动。在这一天，人们会邀请亲朋好友共聚一堂，举办丰盛的团圆宴。在宴会上，人们会分享美食、畅谈家常、共同度过一个温馨而难忘的时光。这种团圆宴不仅是对家庭团圆的庆祝，更是对亲情和友情的珍视和呵护。

（三）赏花灯与猜灯谜

赏花灯是中秋节另一项重要的传统习俗。在中秋节期间，各地都会举办盛大的花灯展览和表演活动。这些花灯造型各异、色彩斑斓，给人们带来了视觉上的享受和心灵上的愉悦。在赏花灯的过程中，人们可以感受到传统文化的魅力和节日的喜庆氛围。

同时，猜灯谜也是中秋节期间流行的活动之一。人们会在花灯上挂上写有谜语的纸条，供游客猜测。这种活动不仅考验了人们的智慧和才思，也增加了节日的趣味性和互动性。在猜灯谜的过程中，人们可以相互学习、交流心得，增进彼此之间的了解和友谊。

（四）传统游戏与民间艺术

中秋节期间，各种传统游戏和民间艺术表演也丰富多彩。例如，舞龙舞狮是中秋节期间常见的民间艺术表演形式之一。这些表演不仅展示了中华民族的传统文化魅力，也增添了节日的喜庆氛围。同时，一些传统游戏如"丢手绢""猜灯谜"等也深受人们喜爱。这些游戏不仅考验了人们的智慧和反应能力，也促进了人们之间的交流和互动。

此外，中秋节期间还有一些特色的民间活动，如"放河灯""走月亮"等。这些活动不仅具有浓厚的民俗色彩和地域特色，也体现了人们对美好生活的向往和追求。这些传统习俗和活动的传承和发展，不仅丰富了中秋节的文化内涵和庆祝形式，也增强了人们对传统文化的认同感和自豪感。

三、中秋节在现代社会的庆祝方式

（一）家庭团聚与聚餐

在现代社会，中秋节仍然是一个家庭团聚的重要时刻。尽管人们的生活节奏加快，工作压力增大，但在中秋节这一天，许多人都会尽量回家与家人团聚，共度佳节。家庭聚餐成为中秋节庆祝的重要活动，家人们围坐在一起，品尝着丰盛的菜肴和美味的月饼，分享着彼此的生活和心情。这种家庭团聚的庆祝方式不仅加深了家庭成员之间的情感联系，也体现了中华民族重视家庭和亲情的传统美德。

随着人们生活水平的提高，中秋节的家庭聚餐也越来越注重品质和创意。人们会提前准备各种美食和特色菜肴，让餐桌上的每个人都能够品尝到不同口味的美食。同时，一些家庭也会选择在户外举行聚餐活动，如野餐、烧烤等，让节日的氛围更加轻松愉悦。这种庆祝方式不仅丰富了中秋节的文化内涵，也体现了现代人对于生活品质和健康的追求。

（二）社交活动与互动

在现代社会，社交活动也成为中秋节庆祝的重要形式之一。人们通过参加各种社交活动，如赏月晚会、中秋灯会等，与亲朋好友共度佳节。这些活动不仅为人们提供了展示才艺和交流情感的平台，也增强了人们之间的友谊和联系。

在社交活动中，人们会进行各种互动游戏和表演，如猜灯谜、赏花灯、赏月诗会等。这些活动不仅增加了节日的趣味性和互动性，也让人们更加深入地了解中秋节的传统文化内涵。同时，随着社交媒体的普及，人们也通过微信、微博等平台分享自己的节日照片和心情，让更多的人感受到中秋节的喜庆氛围。

（三）商业活动与消费

在现代社会，商业活动也成为中秋节庆祝的重要方面。商家们会推出各种与中秋节相关的商品和服务，如月饼礼盒、中秋特色美食、赏月旅游线路等，吸引消费者前来购买和体验。这些商业活动不仅满足了人们的消费需求，也推动了中秋节经济的发展。

同时，随着电子商务的兴起，网上购物也成为中秋节消费的重要方式之一。人们可以通过网络平台购买各种月饼、美食和礼品，方便快捷地实现节日的购物需求。这种消费方式不仅改变了人们的购物习惯，也促进了电子商务的快速发展。

（四）文化传承与创新

在现代社会，中秋节的庆祝方式也在不断地传承和创新。人们通过各种方式传承中秋节的传统文化，如举办传统文化讲座、展览、演出等，让更多的人了解和感受中秋节的魅力。同时，一些人也在尝试将中秋节的传统文化与现代元素相结合，创造出新的庆祝方式。

例如，一些城市会举办中秋主题的灯光秀和烟花表演，利用现代科技手段展现中秋节的传统文化内涵。一些艺术家也会创作与中秋节相关的艺术作品，如绘画、雕塑、音乐等，让中秋节的文化内涵更加丰富多彩。这种传承与创新的方式不仅丰富了中秋节的庆祝形式，也推动了传统文化的创新和发展。

在现代社会，中秋节的庆祝方式呈现出多样化和个性化的特点。无论是家庭团聚、社交活动、商业活动还是文化传承与创新，都体现了中秋节在现代社会的重要性和价值。

四、中秋节文化的现代传承与发展

（一）传统习俗的现代化演绎

在现代社会，中秋节文化的传承并非简单地复制古代习俗，而是需要与时俱进，进行现代化的演绎。例如，传统的赏月活动，在现代社会中可以结合现代科技手段，如使用高清望远镜观测月亮、通过虚拟现实技术模拟月球环境等，使赏月活动更加丰富多彩。同时，一些城市或社区也会举办中秋主题的文艺晚会、音乐会等，将传统习俗与现代艺术相结合，创造出新的文化体验。

此外，现代商业活动也为中秋节文化的传承提供了新途径。商家们通过推出各种创意月饼、中秋特色商品等，不仅满足了消费者的购物需求，也促进了中秋节文化的传播。同时，一些企业也会利用中秋节进行品牌推广和文化营销，通过举办中秋主题活动、赞助文化项目等方式，增强品牌的文化内涵和社会责任感。

（二）教育普及与文化传承

教育在中秋节文化的传承中起着至关重要的作用。通过在学校开设中秋节文化课程、组织中秋主题的文化活动等方式，可以使学生们更加深入地了解中秋节的传统文化内涵和历史背景。同时，家长们也可以通过家庭教育的方式，向孩子们传递中秋节的文化知识和价值观念，培养他们的文化认同感和自豪感。

此外，社会各界也可以通过举办中秋节文化讲座、展览、演出等活动，向公众普及中秋节的文化知识，提高公众的文化素养和审美水平。这些活动不仅有助于传承中秋节文化，也有助于推动社会文化的繁荣和发展。

（三）国际交流与文化传播

随着全球化的加速和文化交流的增多，中秋节文化也逐渐走向世界舞台。通过举办国际性的中秋节庆祝活动、参与国际文化交流项目等方式，可以向世界展示中秋节文化的魅力和价值。同时，也可以借鉴其他国家和地区的传统节日文化，促进不同文化之间的交流与融合。

在国际交流中，我们还需要注重中秋节文化的传播方式和效果。通过制作精美的文化宣传片、开发具有特色的文化产品等方式，可以吸引更多国际友人的关注和喜爱。同时，也需要加强与其他国家和地区的合作与交流，共同推动中秋节文化的国际传播和发展。

（四）文化创新与发展

在现代社会，中秋节文化的传承需要不断地进行创新和发展。通过挖掘中秋节文化的深层内涵、融合现代元素和时尚元素等方式，可以创造出更加符合现代人审美和需求的文化产品和文化活动。

例如，在月饼制作方面，可以尝试将传统口味与现代元素相结合，创造出更加新颖、美味的月饼。在文化活动方面，可以借鉴现代艺术和科技手段，创造出更加丰富多彩、互动性强的文化体验。这些创新不仅可以增强中秋节文化的吸引力和影响力，也可以推动中秋节文化的现代转型和发展。

中秋节文化的现代传承与发展需要我们在传统与现代之间找到平衡点，既要保持传统文化的精髓和特色，也要注重与现代社会的融合和创新。通过多元化的传承方式和创新手段，我们可以让中秋节文化在现代社会中焕发出新的生机和活力。

第五节　传统节日在现代社会的创新与发展

一、传统节日在现代社会的变迁

（一）社会结构变化与节日功能的演变

随着社会结构的变迁，传统节日的功能也在不断演变。在古代，传统节日往往承载着家族团聚、祈福祭祀、农耕节庆等多重功能。然而，在现代社会，由于家庭结构的变化、城市化进程的加速以及工作节奏的加快，传统节日的某些传统功能逐渐弱化。

首先，家庭结构的变迁导致传统节日的团聚功能减弱。现代家庭中，年轻人往往因工作、学习等原因离开家乡，导致家庭成员分散各地，难以在传统节日时团聚。这使得传统节日的团聚功能逐渐淡化，家庭成员之间的情感联系也因此减弱。

其次，城市化进程的加速使得传统节日的农耕节庆功能逐渐消失。在古代，传统节日往往与农耕活动紧密相关，如春节的祭祀土地神、端午节的龙舟竞渡等。然而，随着城市化的加速，农业生产逐渐退居次要地位，许多传统节日的农耕节庆功能也随之消失。

最后，工作节奏的加快使得传统节日的祈福祭祀功能受到挑战。在现代社会，人们往往面临着巨大的工作和生活压力，难以在传统节日时抽出时间进行祈福祭祀等活动。这使得传统节日的祈福祭祀功能逐渐减弱，人们对传统节日的文化内涵和精神价值也逐渐忽视。

（二）科技发展与节日庆祝方式的创新

科技的发展为传统节日的庆祝方式带来了创新。在传统社会中，人们往往通过面对面的聚会、祭祀等活动来庆祝节日。然而，在现代社会，随着科技的进步，人们可以通过互联网、社交媒体等渠道来庆祝节日，使得节日庆祝方式更加多样化、便捷化。

首先，互联网为传统节日的庆祝提供了新的平台。人们可以通过网络观看节日庆典直播、参与在线互动游戏等活动，感受节日的喜庆氛围。同时，人们也可以通过社交媒体分享自己的节日照片、心情等，与亲朋好友共同庆祝节日。

其次，科技手段也为传统节日的文化传承提供了新途径。例如，虚拟现实技术可以模拟古代节日的场景，让人们更加直观地感受传统节日的文化内涵。同时，数字化技术也可以将传统节日的文献资料、艺术品等进行数字化处理，方便人们随时查阅和学习。

（三）全球化与节日文化的交流融合

全球化使得不同国家和地区的节日文化相互交流融合。在现代社会，随着国际交流的增多，不同国家和地区的节日文化逐渐相互渗透、融合。这使得传统节日的文化内涵更加丰富多样，也为人们提供了更多元化的文化体验。

在全球化背景下，人们开始关注和了解其他国家和地区的节日文化。例如，在西方国家，人们也会庆祝中国的春节、中秋节等传统节日；这种跨文化的交流融合不仅丰富了人们的节日生活，也促进了不同文化之间的理解和尊重。

（四）文化传承与节日意义的重塑

面对传统节日在现代社会的变迁，我们需要重视文化传承与节日意义的重塑。首先，我们应该加强对传统节日的宣传和教育，让更多人了解和认识传统节日的文化内涵和历史背景。同时，我们也应该注重培养年轻人的文化自觉和文化自信，让他们成为传承和弘扬传统节日文化的重要力量。

其次，我们应该根据现代社会的特点和需求，对传统节日进行创新和改造。例如，我们可以将传统节日与旅游、商业等活动相结合，打造具有地方特色的文化节庆品牌；我们也可以将传统节日的文化元素融入现代生活之中，让人们在日常生活中感受到传统节日的魅力和价值。

最后，我们应该注重跨文化的交流与合作，通过与其他国家和地区的文化交流与合作，借鉴其他文化的优秀元素和先进经验，为传统节日的创新和发展注入新的活力。同时，我们也可以通过对外展示和传播传统节日文化，增强国家文化软实力和国际影响力。

二、传统节日文化的现代创新

（一）创新节日庆祝形式与活动

传统节日在现代社会中的创新，首先体现在庆祝形式与活动的多样性上。传统的庆祝方式如家庭聚餐、庙会、舞龙舞狮等，虽然具有深厚的文化底蕴，但在现代社会中，人们追求更加新颖、有趣的庆祝方式。

为此，我们可以结合现代科技手段，创新节日庆祝形式。例如，利用虚拟现实（VR）技术重现古代节日的盛况，让参与者身临其境地感受传统节日的氛围；或者通过社交媒体平台，组织线上节日庆祝活动，如线上猜灯谜、线上赏月等，吸引更多人参与。

此外，还可以将传统节日与现代流行文化相结合，创造出具有时代特色的庆祝活动。比如，在中秋节期间举办以月亮为主题的音乐会、摄影展等，将传统与现代完美融合，让人们在欣赏艺术的同时，感受到传统节日的魅力。

（二）挖掘与传承节日文化内涵

传统节日的创新不仅仅是形式上的创新，更重要的是文化内涵的传承与创新。我们要深入挖掘传统节日背后的文化故事、历史传说和民族精神，将其与现代社会的价值观念相结合，赋予传统节日新的时代意义。

例如，在端午节期间，我们可以组织关于屈原的讲座、展览等活动，让更多人了解屈原的生平事迹和爱国情怀，从而激发人们的爱国情感。同时，我们还可以在活动中加入环保、健康等现代元素，引导人们树立健康、环保的生活方式。

此外，我们还可以将传统节日的文化内涵与现代科技相结合，创造出具有科技感的节日文化产品。比如，在春节期间开发一款结合 AR 技术的红包应用，让人们在抢红包的同时，感受到科技带来的乐趣和便利。

（三）跨界合作与产业融合

传统节日的创新还需要跨界合作与产业融合。通过与其他领域的合作，我们可以将传统节日的文化元素融入更多领域，推动传统节日文化的产业化发展。

例如，与旅游业合作，打造以传统节日为主题的旅游线路和旅游产品，吸引游客前来体验传统节日文化；与商业品牌合作，推出具有传统节日元素的商品和服务，提高传统节日的商业价值；与教育机构合作，将传统节日文化纳入教育内容体系，培养学生的文化素养和爱国情怀。

这些跨界合作不仅可以促进传统节日文化的传播和普及，还可以为相关产业带来新的发展机遇和增长点。

（四）国际交流与文化传播

在全球化的背景下，传统节日的创新还需要加强国际交流与合作。通过与其他国家和地区的文化交流与合作，我们可以将传统节日的文化元素推向世界舞台，提高中国传统节日的国际影响力。

为此，我们可以积极参与国际性的文化节庆活动，展示中国传统节日文化的魅力；同时，也可以邀请外国友人来中国参加传统节日的庆祝活动，让他们亲身感受中国传统节日的独特魅力。

　　此外，我们还可以通过媒体、网络等渠道向全球传播中国传统节日文化。例如，在社交媒体上发布关于中国传统节日的短视频、图片等内容；或者与国际媒体合作制作关于中国传统节日的纪录片、专题片等作品，让更多人了解中国传统节日文化。

　　通过这些国际交流与合作的方式，我们可以让中国传统节日文化走向世界舞台，为世界文化的多样性作出贡献。

三、传统节日在全球化背景下的挑战与机遇

（一）文化多样性的挑战与传统节日的坚守

　　在全球化的背景下，各种文化相互交融，文化多样性成了现代社会的重要特征。然而，这种文化多样性也给传统节日带来了挑战。一方面，外来文化的冲击可能导致传统节日的淡化甚至消失；另一方面，传统节日如何在保持传统特色的同时，适应现代社会的需求，也成了亟待解决的问题。

　　面对这一挑战，我们需要坚守传统节日的文化根脉，传承和弘扬传统节日的文化内涵。首先，我们要加强对传统节日的宣传和教育，提高公众对传统节日的认知度和认同感。其次，我们要注重传统节日的文化创新，将传统与现代相结合，打造具有时代特色的节日文化产品。同时，我们还需要加强与其他国家和地区的文化交流与合作，推动传统节日文化的国际传播，增强其在全球文化中的影响力和竞争力。

（二）跨文化交流的机遇与传统节日的推广

　　全球化带来了跨文化交流的机遇，也为传统节日的推广提供了更广阔的平台。通过与其他国家和地区的文化交流与合作，我们可以将传统节日的文化元素推向世界舞台，让更多人了解和喜爱中国传统节日。

　　首先，我们可以积极参与国际性的文化节庆活动，展示中国传统节日的文化魅力和独特魅力。通过组织丰富多彩的庆祝活动、展览、演出等，吸引国际友人的关注和参与，提高中国传统节日的国际知名度。

　　其次，我们可以借助现代媒体和网络技术，推动传统节日文化的全球传播。利用社交媒体、短视频平台等新媒体渠道，发布关于中国传统节日的内容，

让更多人了解中国传统节日的历史、文化和习俗。同时，我们还可以通过制作高质量的纪录片、专题片等影视作品，向全球观众展示中国传统节日的独特魅力。

此外，我们还可以加强与外国政府和文化机构的合作与交流，共同推动传统节日文化的传承与发展。通过签署合作协议、举办联合活动等方式，促进传统节日文化在国外的推广和传播。

（三）经济全球化的挑战与传统节日的产业化发展

经济全球化使得各国经济联系日益紧密，也为传统节日的产业化发展带来了挑战和机遇。一方面，经济全球化使得市场竞争更加激烈，传统节日的产业化发展需要具备更强的竞争力和创新能力；另一方面，经济全球化也为传统节日的产业化发展提供了更广阔的市场空间和更多的合作机会。

面对这一挑战和机遇，我们需要加强传统节日的产业化发展。首先，我们要深入挖掘传统节日的文化内涵和商业价值，开发具有市场竞争力的节日文化产品。例如，可以开发以传统节日为主题的旅游线路、文创产品、美食等，满足消费者的多样化需求。其次，我们要加强与其他产业的合作与交流，推动传统节日文化的跨界融合和创新发展。例如，可以与旅游业、餐饮业、文化产业等合作，共同打造具有地方特色的文化节庆品牌。同时，我们还需要加强品牌建设和市场营销，提高传统节日文化产品的知名度和美誉度。

（四）社会变迁的挑战与传统节日的现代化转型

社会变迁使得人们的生活方式、价值观念等发生了深刻变化，也给传统节日带来了挑战。一方面，社会变迁导致传统节日的传统庆祝方式和习俗逐渐淡化甚至消失；另一方面，如何使传统节日更好地适应现代社会的发展需求，也成了亟待解决的问题。

面对这一挑战，我们需要推动传统节日的现代化转型。首先，我们要注重传统节日的文化创新，将传统与现代相结合，打造具有时代特色的节日文化产品。例如，可以利用现代科技手段创新节日庆祝方式，如虚拟现实、增强现实等技术手段来重现古代节日场景等。其次，我们要注重传统节日的社会功能发挥，让传统节日更好地服务于现代社会的发展需求。例如，可以将传统节日与旅游、商业等活动相结合，推动地方经济的发展；或者将传统节日的文化元素融入现代生活之中，引导人们树立健康、环保的生活方式等。同时，我们还需要加强社会教育和文化普及工作，提高公众对传统节日的认知度和认同感。

四、传统节日文化的未来发展方向

（一）文化创新与传承相结合

传统节日文化的未来发展，首先需要坚持文化创新与传承相结合的原则。在全球化的大背景下，传统节日文化需要不断适应现代社会的发展，通过创新的方式传承和弘扬传统文化。

文化创新不仅意味着在庆祝形式、活动内容等方面的创新，更重要的是在文化内涵上的创新。我们需要深入挖掘传统节日的文化内涵，结合现代社会的价值观念和生活方式，赋予传统节日新的时代意义。同时，我们也需要注重传统节日的传承，通过教育、宣传等方式，让更多人了解和认识传统节日的文化价值。

在文化创新的过程中，我们可以借鉴其他国家和地区的成功经验，但更重要的是要保持自己的文化特色和文化自信。通过文化创新，我们可以让传统节日更加符合现代社会的需求，吸引更多人的关注和参与。

（二）科技赋能与数字化发展

随着科技的不断发展，传统节日文化也需要借助科技的力量进行数字化发展。科技赋能可以为传统节日文化的传承和创新提供更多可能性。

一方面，我们可以利用现代科技手段，如虚拟现实（VR）、增强现实（AR）等技术，重现古代节日的场景和氛围，让参与者身临其境地感受传统节日的文化魅力。这种沉浸式的体验方式可以吸引更多年轻人参与传统节日的庆祝活动。

另一方面，数字化发展也可以为传统节日文化的传播和推广提供新的途径。通过社交媒体、短视频平台等新媒体渠道，我们可以将传统节日的文化元素以更加生动、形象的方式呈现给公众。同时，数字化发展还可以帮助我们建立更加完善的传统节日文化数据库，方便公众随时查阅和学习。

（三）跨界融合与产业联动

传统节日文化的未来发展还需要跨界融合与产业联动。通过与其他产业的合作与交流，我们可以将传统节日的文化元素融入更多领域，推动传统节日文化的产业化发展。

一方面，我们可以与旅游业合作，开发以传统节日为主题的旅游线路和旅游产品。通过展示传统节日的文化内涵和特色习俗，吸引游客前来体验和学习。这种旅游方式不仅可以为当地经济带来收入，还可以促进传统节日文化的传播和普及。

另一方面，我们也可以与文化产业合作，开发以传统节日为主题的文创产品。通过设计精美的文创产品，将传统节日的文化元素融入日常生活中，让人们在日常生活中感受到传统节日的文化魅力。同时，文创产品的开发也可以为传统节日文化带来更多的商业价值。

（四）国际交流与文化传播

在全球化的背景下，传统节日文化的未来发展还需要加强国际交流与文化传播。通过与其他国家和地区的文化交流与合作，我们可以将传统节日的文化元素推向世界舞台，增强中国传统节日在国际上的影响力和竞争力。

一方面，我们可以积极参与国际性的文化节庆活动，展示中国传统节日的文化魅力和独特魅力。通过组织丰富多彩的庆祝活动、展览、演出等，吸引国际友人的关注和参与，提高中国传统节日的国际知名度。

另一方面，我们也可以借助现代媒体和网络技术，推动传统节日文化的全球传播。通过制作高质量的纪录片、专题片等影视作品，向全球观众展示中国传统节日的独特魅力和文化内涵。同时，我们还可以通过社交媒体等新媒体渠道，发布关于中国传统节日的内容，让更多人了解中国传统节日的历史、文化和习俗。

总之，传统节日文化的未来发展方向需要坚持文化创新与传承相结合、科技赋能与数字化发展、跨界融合与产业联动以及国际交流与文化传播等原则。通过这些努力，我们可以让传统节日文化在现代社会中焕发出新的生机和活力。

第八章 中国古代传统教育思想的传承与创新

第一节 古代教育思想的特点与价值

一、古代教育思想的历史渊源

（一）社会背景与哲学思想

古代教育思想的历史渊源，首先源于其深厚的社会背景与哲学思想。在中国古代，社会的政治、经济、文化等各个方面都对教育思想产生了深远的影响。从夏、商、周到春秋战国，再到秦汉及以后的各个朝代，社会的变革和发展为教育思想提供了丰富的土壤。

在哲学思想方面，儒家、道家、墨家、法家等学派纷纷涌现，他们的思想体系为古代教育提供了理论支撑。其中，儒家思想尤为突出，其强调的"仁爱""礼治""德治"等理念，深深地影响了古代教育的发展方向。儒家强调教育的作用，认为教育可以塑造人的品格，提升人的精神，进而达到治理国家、和谐社会的目的。

此外，道家、墨家等学派也对古代教育思想产生了重要影响。道家主张"道法自然"，强调教育的自然性和无为而治；墨家则注重实用主义和兼爱非攻的思想，提倡平等教育，反对贵族特权。这些思想共同构成了古代教育思想的基础。

（二）教育实践与经验积累

古代教育思想的历史渊源还体现在教育实践与经验积累上。从古代的"六艺"教育到隋唐的科举制度，再到明清的书院教育，每一个历史阶段都有其独特的教育实践和经验。

"六艺"教育是中国古代最早的教育体系，它包括了礼、乐、射、御、书、数六门课程，旨在培养君子的全面素质。隋唐时期的科举制度则是一种选拔官员的考试制度，它打破了贵族世袭的垄断，为平民提供了上升的通道，同时也促进了教育的普及。明清时期的书院教育则更加注重学术研究，培养了一批批的学术大师。

这些教育实践不仅为古代教育思想提供了丰富的素材，也为后世的教育发展提供了借鉴和启示。

（三）文化传承与知识创新

文化传承与知识创新是古代教育思想历史渊源的又一重要方面。在古代中国，文化传承是通过教育来实现的。无论是儒家经典、道家经典还是其他学派的著作，都是通过教育传承给后人的。

同时，古代中国也注重知识的创新。在科技、文学、艺术等各个领域，古代中国都取得了辉煌的成就。这些成就不仅为古代教育思想提供了丰富的素材，也为后世的知识创新提供了基础和借鉴。

（四）教育制度与政策保障

教育制度与政策保障是古代教育思想历史渊源的最后一个方面。在古代中国，教育制度与政策是保障教育发展的重要因素。

从汉代的太学到唐代的国子监，再到明清的国子监和书院，这些教育机构为古代教育提供了制度保障。同时，古代中国也制定了一系列的教育政策，如科举制度、书院制度等，这些政策为古代教育的发展提供了有力的支持。

这些教育制度与政策不仅为古代教育思想提供了实践基础，也为后世的教育制度与政策提供了借鉴和启示。

古代教育思想的历史渊源是一个复杂而多元的过程，它涉及社会背景与哲学思想、教育实践与经验积累、文化传承与知识创新以及教育制度与政策保障等多个方面。这些因素共同构成了古代教育思想的基础和特色，也为后世的教育发展提供了宝贵的经验和借鉴。

二、古代教育思想的核心价值

（一）德育为先，塑造完善人格

古代教育思想的核心价值之一在于强调德育为先，注重塑造完善的人格。在儒家教育思想中，德育被视为教育的首要任务。儒家经典《大学》开篇即指出："大学之道，在明明德，在亲民，在止于至善。"这里强调了教育旨在弘扬光明的德行，达到完善的人格。

德育为先的教育思想体现在教育内容的设置上。古代教育内容以"四书五经"为主，其中包含了大量的道德伦理知识，如"仁爱""忠诚""孝悌"等。这些道德观念不仅塑造了个体的品德，也影响了整个社会的道德风尚。

此外，德育为先的教育思想还体现在教育方法上。古代教育者注重言传身教，以身作则，通过自身的言行来影响和感染学生。他们相信，只有教育者本身具备了高尚的品德，才能培养出具有完善人格的学生。

（二）注重实践，强调知行合一

古代教育思想的核心价值之二在于注重实践，强调知行合一。在儒家教育思想中，实践被视为检验知识真伪、提高道德修养的重要途径。孔子曾说："学而时习之，不亦说乎？"这里的"习"即指实践，孔子认为通过不断地实践，才能真正掌握知识、提高道德修养。

注重实践的教育思想体现在教育过程中。古代教育者注重培养学生的实践能力，让他们在实践中学习知识、掌握技能。例如，在古代的"六艺"教育中，就包含了射、御等实践技能的培养。这些实践技能不仅提高了学生的身体素质，也培养了他们的实践能力和创新精神。

同时，注重实践的教育思想也体现在教育评价上。古代教育者注重学生的实践成果和表现，而不是仅仅关注他们的考试成绩。他们相信，只有真正掌握了知识、具备了实践能力的学生，才能在未来的生活中取得成功。

（三）因材施教，尊重个体差异

古代教育思想的核心价值之三在于因材施教，尊重个体差异。在古代中国，教育者普遍认为每个学生都有自己独特的天赋和才能，应该根据他们的不同特点进行教育。

因材施教的教育思想体现在教育过程中。古代教育者会根据学生的年龄、性格、兴趣等因素制定不同的教育计划和教学方法。他们相信，只有针对每个学生的个体差异进行教育，才能真正发挥他们的潜力、培养他们的才能。

同时，因材施教的教育思想也体现在教育评价上。古代教育者注重学生的全面发展和个性特点的评价，而不是仅仅关注他们的学习成绩。他们相信，只有全面评价学生的表现和发展情况，才能更好地指导他们的成长和发展。

（四）倡导和谐，追求天人合一

古代教育思想的核心价值之四在于倡导和谐，追求天人合一。在古代中国，和谐被视为社会的理想状态，也是教育的最高追求。

倡导和谐的教育思想体现在教育内容上。古代教育内容注重道德伦理的培养，强调人与人、人与社会、人与自然的和谐相处。例如，儒家经典《中庸》就提出了"诚者天之道也，诚之者人之道也"的思想，强调了天人合一的和谐理念。

同时，倡导和谐的教育思想也体现在教育过程中。古代教育者注重培养学生的团队合作精神和集体意识，让他们学会与他人和谐相处、共同发展。他们相信，只有在一个和谐的社会环境中，每个人才能充分发挥自己的潜力、实现自己的价值。

三、古代教育思想对现代社会的启示

（一）德育为本，构建道德基石

古代教育思想强调德育为本，这对现代社会具有重要的启示意义。在快速发展的现代社会中，道德沦丧、价值观混乱的问题日益凸显，因此，我们需要重新审视德育的重要性，构建坚实的道德基石。

首先，德育是塑造完善人格的关键。通过德育，我们可以培养人们的道德情感、道德判断和道德行为，帮助他们树立正确的价值观和人生观。这不仅有利于个人的成长和发展，也有利于社会的和谐稳定。

其次，德育是传承优秀文化的重要途径。古代教育思想中的德育内容，如仁爱、忠诚、孝悌等，是中华民族优秀文化的精髓。通过德育，我们可以将这些优秀文化传承下去，让更多的人了解和认同中华文化。

最后，德育是构建和谐社会的重要保障。通过德育，我们可以培养人们的道德自觉和道德责任感，促进人与人之间的和谐相处，推动社会的和谐发展。

（二）注重实践，培养创新能力

古代教育思想注重实践，强调知行合一，这对现代社会培养创新能力具有重要的启示意义。在知识经济时代，创新能力已经成为国家竞争力的核心要素之一。

首先，实践是检验知识真伪的重要途径。通过实践，我们可以将所学知识应用到实际中，检验其真伪和有效性。这不仅有利于巩固和加深对知识的理解和记忆，也有利于培养我们的实践能力和创新精神。

其次，实践是创新的基础。只有在实践中不断探索和尝试，才能发现新的问题和解决方案，推动知识和技术的创新。因此，我们应该注重培养学生的实践能力，为他们提供更多的实践机会和平台。

最后，实践也是检验创新成果的重要手段。只有通过实践验证的创新成果，才能真正转化为实际生产力，推动社会的进步和发展。因此，我们应该注重实践在创新过程中的作用，加强实践与创新之间的紧密联系。

（三）因材施教，实现个性化教育

古代教育思想强调因材施教，尊重个体差异，这对现代社会实现个性化教育具有重要的启示意义。在多元化、个性化的现代社会中，每个人的天赋和才能都有所不同，因此，我们需要根据每个人的不同特点进行教育。

首先，因材施教有利于发挥每个人的潜力。通过了解每个人的天赋和才能，我们可以为他们制定个性化的教育计划和教学方法，帮助他们充分发挥自己的潜力。这不仅有利于个人的成长和发展，也有利于社会的整体进步。

其次，因材施教有利于培养创新精神。在个性化的教育过程中，我们可以鼓励学生独立思考、自主探索，培养他们的创新精神和实践能力。这将有助于他们在未来的学习和工作中更好地应对挑战和变化。

最后，因材施教有利于构建和谐的教育环境。在尊重个体差异的基础上，我们可以营造一个和谐、包容的教育环境，让每个学生都能感受到被关注和尊重。这将有助于提高学生的自信心和学习动力，促进他们的全面发展。

（四）倡导和谐，构建和谐社会

古代教育思想倡导和谐，追求天人合一，这对现代社会构建和谐社会具有重要的启示意义。在全球化、信息化的现代社会中，各种矛盾和冲突不断加剧，因此，我们需要倡导和谐理念，推动社会的和谐发展。

首先，和谐是社会的理想状态。一个和谐的社会能够减少矛盾和冲突，增强凝聚力和向心力，推动社会的稳定和发展。因此，我们应该注重培养人们的和谐意识和合作精神，推动社会的和谐发展。

其次，和谐是人与自然相处的原则。在现代化进程中，人类对自然的破坏日益严重，环境问题已经成为全球性的难题。因此，我们需要倡导和谐理念，推动人与自然和谐相处，实现可持续发展。

和谐是人与人相处的准则，在多元化、个性化的现代社会中，我们需要尊重每个人的不同特点和选择，推动人与人之间的和谐相处。这将有助于减少矛盾和冲突，增强社会的凝聚力和向心力。

第二节　传统家庭教育与现代家庭教育

一、传统家庭教育的特点

（一）重视家族传承与道德教育

传统家庭教育的第一个显著特点是重视家族传承与道德教育。在中国传统文化中，家庭不仅是生活的基本单位，更是文化传承的重要场所。家族传承不仅是血脉的延续，更是家族精神、家风、家训的传承。因此，传统家庭教育非常重视对子女的道德教育，希望他们能够继承家族的优良传统和品质。

在道德教育方面，传统家庭教育注重培养子女的孝顺、忠诚、诚信、勤劳等品质。这些品质被视为一个人立身处世的基础，也是家族繁荣的保障。父母会通过言传身教、榜样示范等方式，将这些道德观念灌输给子女，让他们在成长过程中逐渐形成正确的价值观和道德观。

此外，传统家庭教育还注重家族文化的传承。家族成员会通过各种方式，如祭祀、族谱、家训等，来传承家族的历史、文化和精神。这种传承不仅增强了家族成员之间的凝聚力和归属感，也让他们更加珍惜和尊重家族的传统和文化。

（二）强调父权权威与子女服从

在传统家庭教育中，父权权威和子女服从是一个重要的特点。在封建社会中，父权是家庭中的最高权力，子女必须服从父母的意愿和安排。这种父权权威不仅体现在对子女的教育上，也体现在家庭生活的各个方面。

在传统家庭教育中，父母往往拥有绝对的权威和决定权。他们会对子女的行为、思想、学业等方面进行严格的监督和管理，要求子女遵守家庭的规矩和纪律。子女则必须服从父母的安排和要求，不得有任何反抗和违背。

这种父权权威和子女服从的教育模式，在一定程度上有利于家庭的稳定和社会秩序的建立。但是，它也可能导致子女缺乏独立思考和自主决策的能力，甚至产生心理压抑和叛逆情绪。

（三）注重实用技能与生存能力

传统家庭教育的另一个特点是注重实用技能和生存能力的培养。在封建社会中，家庭是生产和生活的基本单位，子女需要具备一定的实用技能和生存能力才能在社会上立足。

因此，传统家庭教育会注重培养子女的劳动技能、生活技能以及应对突发情况的能力。父母会教导子女如何耕种、织布、烹饪等实用技能，也会传授他们应对自然灾害、疾病等突发情况的生存技能。这些技能对于子女的成长和发展具有重要的现实意义。

（四）融合情感教育与情感交流

尽管传统家庭教育在形式上可能显得严格和权威，但它也注重情感教育与情感交流。在家庭中，父母和子女之间不仅有严格的教育关系，还有深厚的情感纽带。父母会关心子女的成长和需要，给予他们温暖和支持；子女也会尊重和爱戴父母，表达自己的感激和敬意。

这种情感教育与情感交流对于子女的成长和发展具有重要的影响。它不仅能够增强家庭成员之间的亲密感和凝聚力，还能够培养子女的情感表达能力和人际交往能力。这些能力对于一个人在社会中的生存和发展都具有重要的意义。

二、现代家庭教育的挑战与变革

（一）信息时代的冲击与知识更新的加速

随着信息技术的迅猛发展，现代社会进入了一个信息爆炸的时代。这一变化给现代家庭教育带来了前所未有的挑战。首先，信息时代的到来使得知识更新的速度加快，父母面临着巨大的知识更新压力。为了跟上时代的步伐，父母需要不断学习新知识、掌握新技能，以便更好地指导子女的成长。

其次，信息时代的冲击也改变了家庭教育的环境。互联网、智能手机等现代科技产品为子女提供了海量的学习资源和娱乐方式，但同时也带来了诸多潜在的风险，如沉迷网络、接触不良信息等。因此，现代家庭教育需要更加注重对子女的网络素养教育，引导他们正确使用互联网等科技产品。

为了应对这一挑战，现代家庭教育需要进行相应的变革。父母需要树立终身学习的观念，不断提高自身的知识水平和教育能力。同时，家庭教育也需要与时俱进，充分利用现代科技手段，为子女提供更加丰富、多样化的教育资源。

（二）多元化价值观的冲击与传统价值观的重塑

现代社会是一个多元化价值观并存的时代，不同的文化、信仰、价值观相互碰撞、交融。这种多元化价值观的冲击给现代家庭教育带来了挑战。一方面，子女在成长过程中会接触到各种不同的价值观，可能会产生困惑和迷茫；另一方面，父母也需要面对自身价值观与现代社会价值观的冲突和融合。

为了应对这一挑战，现代家庭教育需要重视对传统价值观的传承和重塑。父母需要引导子女正确认识传统文化和核心价值观的重要性，培养他们的民族自豪感和文化自信心。同时，家庭教育也需要关注现代社会的发展变化，引导子女树立正确的世界观、人生观和价值观。

（三）家庭结构的变化与家庭教育模式的创新

现代家庭结构发生了显著的变化，单亲家庭、再婚家庭、多代同堂家庭等新型家庭形式不断涌现。这些变化对家庭教育模式提出了新的挑战。首先，家庭结构的变化使得家庭教育的主体和责任发生了转移，父母需要承担更多的教育责任；其次，新型家庭形式下的家庭教育需要更加注重沟通和协调，以确保家庭教育的顺利进行。

为了应对这一挑战，现代家庭教育需要进行模式的创新。父母需要树立共同教育的观念，加强彼此之间的沟通和协作；同时，也需要根据家庭结构的实际情况，制定符合子女成长需要的家庭教育方案。此外，家庭教育还可以借助社会力量，如学校、社区等，共同为子女的成长提供支持和帮助。

（四）子女心理发展的复杂性与心理健康教育的重视

现代社会中，子女心理发展的复杂性日益凸显。他们面临着学业压力、人际关系、情感问题等诸多方面的挑战，心理健康问题逐渐成为家庭教育关注的焦点。为了应对这一挑战，现代家庭教育需要更加重视心理健康教育。

首先，父母需要关注子女的心理变化，及时发现并解决问题。他们需要学习一定的心理学知识，掌握一定的心理咨询和疏导技巧，以便更好地帮助子女应对各种心理问题。其次，家庭教育也需要注重培养子女的心理素质和抗压能力，让他们在面对困难和挑战时能够保持积极的心态和健康的心理状态。

现代家庭教育面临着诸多挑战和变革，为了应对这些挑战和变革，父母需要树立终身学习的观念，不断提高自身的教育能力和水平；同时，也需要关注子女的心理发展和心理健康问题，为他们提供更加全面、细致的教育和关怀。

三、传统家庭教育对现代家庭教育的启示

（一）重视家庭教育的根基作用

传统家庭教育强调家庭作为孩子成长的首要场所，重视家庭在孩子成长过程中的根基作用。这一理念对现代家庭教育具有深刻的启示。在现代社会，尽管学校教育和社会教育的作用日益凸显，但家庭教育仍然是孩子成长不可或缺的一部分。家庭环境、家庭氛围、家庭关系等因素都会对孩子的成长产生深远的影响。

传统家庭教育启示我们，现代家庭教育应更加注重家庭在孩子成长过程中的作用。父母应该为孩子营造一个温馨、和谐、充满爱的家庭环境，关注孩子的情感需求，给予孩子足够的关爱和支持。同时，父母还应该树立正确的教育观念，以身作则，为孩子树立良好的榜样，引导孩子形成正确的价值观和道德观。

（二）注重品德教育的培养

传统家庭教育非常重视品德教育的培养，强调孝顺、忠诚、诚信、勤劳等品质的培养。这些品质不仅是一个人立身处世的基础，也是家庭和谐、社会稳定的重要保障。在现代社会，虽然物质生活日益丰富，但人们的道德观念却出现了滑坡现象。因此，传统家庭教育的品德教育理念对现代家庭教育具有重要的启示。

现代家庭教育应该注重品德教育的培养，将品德教育贯穿于家庭教育的始终。父母应该引导孩子树立正确的道德观念，教育孩子尊重他人、关心他人、诚实守信、勤劳节俭等。同时，父母还应该注重培养孩子的社会责任感，引导孩子关注社会、关爱他人，积极参与社会公益活动。

（三）强调家庭教育的个性化与因材施教

传统家庭教育强调因材施教，注重根据孩子的性格、兴趣、特长等因素进行个性化的教育。这一理念对现代家庭教育具有重要的启示。在现代社会，每个孩子都是独一无二的个体，他们具有不同的性格、兴趣、特长和潜力。

因此，现代家庭教育应该更加注重个性化与因材施教。

父母应该了解孩子的性格、兴趣、特长和潜力，根据孩子的实际情况制定个性化的教育方案。同时，父母还应该注重培养孩子的独立思考和自主创新能力，鼓励孩子敢于尝试、勇于探索。在教育过程中，父母应该给予孩子足够的自由和空间，让孩子在自由探索中成长和发展。

（四）倡导家庭教育的沟通与协作

传统家庭教育注重家庭成员之间的沟通与协作，强调家庭成员之间的和谐与默契。这一理念对现代家庭教育具有重要的启示。在现代社会，家庭成员之间的沟通与协作对于家庭和谐、孩子成长具有重要意义。

现代家庭教育应该倡导家庭成员之间的沟通与协作，建立良好的家庭氛围。父母应该与孩子保持密切的沟通，了解孩子的想法和需求，尊重孩子的意见和建议。同时，父母还应该与其他家庭成员保持良好的关系，共同为孩子的成长提供支持和帮助。在教育过程中，父母应该注重培养孩子的团队合作能力和社交能力，让孩子学会与他人和谐相处、共同合作。

第三节　传统教育思想在国际教育中的影响

一、中国传统教育思想在国际上的传播

（一）儒家教育思想的广泛传播

儒家教育思想是中国传统教育思想的核心，其"仁爱""中庸""礼仪"等核心理念在全球范围内产生了深远的影响。近年来，随着"一带一路"倡议的推进和孔子学院的建立，儒家教育思想在国际上的传播日益广泛。

首先，孔子学院作为儒家教育思想传播的重要平台，已在全球多个国家和地区设立。这些孔子学院不仅提供中文教学服务，还致力于推广中国文化，传播儒家教育思想。通过开设儒家经典课程、举办文化交流活动等方式，孔子学院为当地民众提供了深入了解儒家教育思想的机会。

其次，儒家教育思想在高等教育领域也得到了广泛传播。许多国外高校纷纷开设与中国传统文化相关的课程，如中国哲学、中国文学、中国历史等。这些课程不仅为学生提供了学习中国传统文化的机会，也让他们更深入地了解了儒家教育思想。

此外，儒家教育思想还在商业、政治等领域产生了影响。许多国际企业开始重视企业文化建设，将儒家思想中的"仁爱""诚信"等理念融入企业管理中，以提高员工的凝聚力和企业的竞争力。同时，一些国家的政治领袖也开始关注儒家思想，试图从中汲取治理国家的智慧。

（二）传统教育方法的国际借鉴

中国传统教育方法中强调的因材施教、启发式教学等理念在国际上得到了广泛认可。这些教育方法注重培养学生的独立思考能力和创新精神，符合现代教育的发展趋势。

首先，因材施教的教育理念在国际上得到了广泛传播。许多国家的教育工作者开始关注学生的个性差异，尝试根据学生的不同特点和需求制定个性化的教育方案。这种教育方法能够更好地满足学生的需求，提高教育效果。

其次，启发式教学的方法也在国际上得到了广泛借鉴。启发式教学注重培养学生的独立思考能力和创新精神，鼓励学生主动探索、自主学习。这种教学方法能够激发学生的学习兴趣和积极性，提高他们的学习效果和创新能力。

（三）传统教育价值观的国际化融合

中国传统教育价值观中的"仁爱""诚信""礼仪"等理念在国际上得到了广泛认同和融合。这些价值观不仅是中国传统文化的重要组成部分，也是人类共同的文化财富。

首先，"仁爱"理念在国际上得到了广泛传播。许多国家和地区开始关注社会和谐与人文关怀，倡导人与人之间的相互关爱和尊重。这种价值观能够促进社会和谐稳定，增强人与人之间的凝聚力。

其次，"诚信"理念也在国际上得到了广泛认同。诚信是商业活动和社会交往中的基本准则，也是国际社会中普遍认可的价值观念。许多国家开始重视诚信建设，加强社会信用体系建设，以提高社会的诚信水平。

此外，"礼仪"文化也在国际上得到了广泛传播。礼仪是人类文明的重要组成部分，也是不同文化之间交流互鉴的重要桥梁。许多国家开始重视礼仪文化的传承和发展，以增进不同文化之间的了解和友谊。

二、中国传统教育思想在国际教育中的价值

（一）提供多元教育理念的参考

中国传统教育思想源远流长，包含了丰富的教育理念和智慧，为国际教育提供了宝贵的参考。在国际教育中，西方教育理念占据主导地位，但中国传统教育思想所强调的"仁爱""和谐""中庸"等理念，为国际教育提供了新的视角和思考方式。

首先，中国传统教育思想中的"仁爱"理念强调人与人之间的关爱和尊重，这与国际教育所追求的"人文关怀"和"全人教育"理念相契合。在国际教育中，引入中国传统教育思想的"仁爱"理念，有助于培养学生的人文情怀和社会责任感，使他们成为有爱心、有责任感的世界公民。

其次，中国传统教育思想中的"和谐"理念强调人与自然、人与社会、人与自我之间的和谐共处。这种理念对于解决国际教育中存在的环境问题、社会问题等具有积极意义。在国际教育中，通过引入中国传统教育思想的"和谐"理念，可以引导学生关注环境保护、社会公正等问题，培养他们的全球视野和可持续发展意识。

（二）丰富国际教育内容和方法

中国传统教育思想在教学内容和方法上也有着独特的贡献，为国际教育提供了丰富的资源和灵感。中国传统教育思想强调因材施教、启发式教学等教学方法，注重培养学生的独立思考能力和创新精神。

在国际教育中，可以借鉴中国传统教育思想中的教学方法，根据学生的不同特点和需求制定个性化的教育方案。同时，中国传统教育思想中的经典著作、诗词歌赋等文学作品也可以作为国际教育的教材资源，丰富国际教育的内容体系。

此外，中国传统教育思想中的德育、美育等教育内容也是国际教育所关

注的重点。在国际教育中，可以借鉴中国传统教育思想的德育理念，注重培养学生的道德品质和人格魅力；同时，也可以借鉴中国传统教育思想的美育理念，注重培养学生的审美能力和艺术素养。

（三）促进不同文化间的交流与理解

中国传统教育思想在国际教育中的传播和应用，有助于促进不同文化间的交流与理解。在国际教育中，学生来自不同的国家和地区，具有不同的文化背景和价值观念。通过引入中国传统教育思想，可以为学生提供更多元的文化体验和学习机会。

同时，中国传统教育思想中的"和谐""包容"等理念也有助于增进不同文化间的相互理解和尊重。在国际教育中，学生可以通过学习中国传统教育思想中的经典著作、了解中国传统文化的历史背景和社会环境等方式，更深入地理解中国文化的独特魅力和价值所在，从而增进对不同文化的理解和尊重。

（四）培养具有全球视野和跨文化能力的人才

中国传统教育思想在国际教育中的价值还体现在培养具有全球视野和跨文化能力的人才方面。在全球化时代，跨文化交流和合作已经成为一种必然趋势。因此，培养具有全球视野和跨文化能力的人才已经成为国际教育的重要目标之一。

中国传统教育思想中的"中庸""和谐"等理念有助于培养学生的跨文化沟通能力。在国际教育中，学生需要学会与不同文化背景的人进行有效的沟通和交流。通过引入中国传统教育思想中的"中庸""和谐"等理念，可以引导学生学会在尊重不同文化的基础上寻求共同点，从而更好地进行跨文化交流和合作。

同时，中国传统教育思想中的"仁爱""诚信"等理念也有助于培养学生的全球视野和责任感。在全球化时代，学生需要具备关注全球问题、关心人类命运的责任感。通过引入中国传统教育思想中的"仁爱""诚信"等理念，可以引导学生关注全球问题、关注人类命运，培养他们的全球视野和责任感。

三、中国传统教育思想在国际教育中的挑战与机遇

（一）挑战：文化差异带来的理解与接受难题

在国际教育中推广中国传统教育思想，首先面临的挑战是文化差异带来的理解与接受难题。由于历史、地理、社会等多方面的因素，不同国家和地区在教育理念、教学方法、价值观念等方面存在显著的差异。中国传统教育思想作为一种特定的文化产物，在国际化过程中可能会遇到文化冲突和误解。

一方面，由于语言和文化的障碍，外国学生和教育工作者可能难以准确理解和把握中国传统教育思想的精髓。另一方面，即使能够理解中国传统教育思想的基本理念，但由于文化差异的存在，外国学生和教育工作者可能会对这些理念产生不同的解读和评价，从而影响到中国传统教育思想在国际教育中的传播和应用。

为了应对这一挑战，我们需要加强国际交流与合作，通过举办文化交流活动、开设培训课程等方式，增进外国学生和教育工作者对中国传统教育思想的了解和理解。同时，我们也需要尊重不同文化之间的差异，寻求共同点和融合点，以更好地推广中国传统教育思想。

（二）挑战：现代教育理念的冲击与融合

在国际教育中，现代教育理念占据主导地位，强调学生的主体性、个性化和创新能力等。而中国传统教育思想则更加注重教师的主导作用、学生的服从和传统文化的传承。这种差异可能会导致中国传统教育思想在国际教育中受到现代教育理念的冲击和质疑。

为了应对这一挑战，我们需要加强对中国传统教育思想和现代教育理念的研究和比较，找出它们之间的共同点和差异点。同时，我们也需要积极探索将中国传统教育思想与现代教育理念相融合的途径和方法，以更好地适应国际教育的发展趋势。

例如，我们可以借鉴现代教育理念中的个性化教学、启发式教学等方法，将其与中国传统教育思想中的因材施教、德育等理念相结合，形成具有中国特色的教育模式和教学方法。这样不仅可以保留中国传统教育思想的精髓，也可以吸收现代教育理念的优点，提高教育的质量和效果。

（三）机遇：全球化背景下的文化交流与融合

全球化背景下，文化交流与融合成为一种必然趋势。这为中国传统教育思想在国际教育中的传播和应用提供了重要的机遇。通过国际交流与合作，我们可以将中国传统教育思想介绍给更多的国家和地区，增进不同文化之间的了解和尊重。

同时，全球化也为我们提供了更广阔的教育市场和资源。我们可以利用国际教育资源，引进先进的教育技术和方法，提高中国传统教育思想在国际教育中的竞争力和影响力。此外，我们还可以通过合作办学、联合培养等方式，与外国高校和教育机构建立合作关系，共同推动中国传统教育思想在国际教育中的发展。

（四）机遇：传统教育思想的创新与发展

在国际教育的推动下，中国传统教育思想也面临着创新与发展的机遇。通过与不同文化、不同教育理念的交流和碰撞，我们可以发现中国传统教育思想中的不足和局限性，从而推动其进行创新和发展。

例如，我们可以结合现代教育理念和技术手段，对传统教育方法进行改革和创新。同时，我们也需要关注当代社会的发展需求和学生的实际需求，对传统教育内容进行更新和拓展。这样不仅可以提高中国传统教育思想的适应性和实用性，也可以为国际教育提供更多元化的选择和参考。

第四节　传统教育思想的现代转化与创新

一、传统教育思想的现代转化

（一）传统教育思想与现代教育理念的融合

传统教育思想作为中国文化的重要组成部分，蕴含着丰富的教育智慧和深厚的文化底蕴。然而，在现代社会快速发展、教育理念不断更新的背景下，传统教育思想需要进行现代转化，以适应现代教育的需求。首先，我们需要将传统教育思想中的优秀元素与现代教育理念相融合，如注重德育、尊重个体差异、倡导启发式教学等。这种融合可以使得传统教育思想在现代教育中焕发新的生机，同时也能够丰富现代教育的内涵和方式。

在现代转化过程中，我们需要深入研究和理解传统教育思想的核心价值，如儒家思想中的"仁爱""和谐"等理念，以及道家思想中的"自然""无为"等观点。这些理念虽然产生于古代社会，但其核心价值和精神内涵仍然具有现代意义。通过将这些理念与现代教育理念相结合，可以形成具有中国特色的现代教育模式，为培养具有全球视野和跨文化能力的人才提供有力支持。

（二）传统教育方法的创新与改革

传统教育方法注重学生的记忆和模仿，强调教师的权威和主导作用。然而，在现代社会中，随着信息技术的快速发展和教育理念的更新，传统教育方法已经无法满足现代教育的需求。因此，我们需要对传统教育方法进行创新和改革，以适应现代教育的发展趋势。

在创新过程中，我们可以借鉴现代教育理念中的启发式教学、项目式学习、合作学习等方法，将其融入传统教育方法中。同时，我们也可以利用现代技术手段，如互联网、大数据、人工智能等，对传统教育方法进行改造和升级。例如，可以利用互联网开展在线教育、远程教育等新型教学方式，打破时间和空间的限制，提高教育的效率和质量。

（三）传统教育内容的更新与拓展

传统教育内容主要围绕经典文献、诗词歌赋、道德伦理等方面展开，注重学生的文化素养和道德品质的培养。然而，在现代社会中，随着科技的发展和社会的进步，人们需要掌握更多的知识和技能以应对复杂多变的社会环境。因此，我们需要对传统教育内容进行更新和拓展，以适应现代社会的发展需求。

在更新过程中，我们可以增加一些与现代社会紧密相关的课程，如信息技术、科学素养、创新创业等。同时，我们也可以对传统教育内容进行深入挖掘和拓展，如通过跨学科学习、主题研究等方式，将不同领域的知识融合在一起，形成具有综合性的课程体系。这样不仅可以拓宽学生的知识视野，也可以提高他们的综合素质和创新能力。

（四）传统教育思想的国际化传播

传统教育思想作为中国文化的重要组成部分，具有独特的魅力和价值。然而，在国际教育领域中，中国传统教育思想的影响力仍然有限。因此，我们需要加强传统教育思想的国际化传播，提高其在国际教育中的地位和影响力。

在国际化传播过程中，我们可以通过举办文化交流活动、开设国际课程、建立国际合作关系等方式，将中国传统教育思想介绍给更多的国家和地区。同时，我们也需要加强对中国传统教育思想的研究和翻译工作，将其翻译成多种语言，以便更好地在国际上传播和交流。此外，我们还可以利用现代技术手段，如互联网、社交媒体等，扩大中国传统教育思想在国际上的影响力和知名度。通过这些努力，我们可以让更多的人了解和认识中国传统教育思想的价值和魅力，推动其在国际教育中的发展和应用。

二、传统教育思想在现代教育中的创新应用

（一）传统教育思想的现代解读与重构

传统教育思想作为历史文化的瑰宝，蕴含着丰富的教育智慧和经验。在现代教育中，我们需要对传统教育思想进行现代解读与重构，以使其更好地适应现代社会的发展需求。

首先，我们要对传统教育思想进行深入研究，理解其背后的哲学思想、教育理念和价值追求。通过现代视角的审视，我们可以发现传统教育思想中的许多观点与现代教育理念相契合，如"因材施教""寓教于乐"等。这些观点在现代教育中仍然具有重要的指导意义。

其次，我们要根据现代社会的特点和需求，对传统教育思想进行重构。在保持其精髓的基础上，我们可以将传统教育思想与现代教育理念相结合，形成具有时代特色的教育观念。例如，我们可以将传统教育思想中的"德育为先"与现代教育中的"素质教育"相结合，强调学生的全面发展；将传统教育思想中的"尊师重道"与现代教育中的"师生平等"相结合，构建和谐的师生关系。

（二）传统教育方法的现代应用与创新

传统教育方法作为教育实践的基石，具有独特的优势和价值。在现代教育中，我们需要对传统教育方法进行现代应用与创新，以提高教育质量和效率。

首先，我们要对传统教育方法进行筛选和提炼，选择那些符合现代教育理念和实践需要的方法。例如，传统教育中的"启发式教学""讲授法"等，在现代教育中仍然具有广泛的应用价值。通过合理运用这些方法，我们可以激发学生的学习兴趣和主动性，提高教学效果。

其次，我们要结合现代教育技术的特点和发展趋势，对传统教育方法进行创新。通过运用现代教育技术，如多媒体、网络等，我们可以将传统教育方法与现代教学手段相结合，形成具有时代特色的教学模式。例如，我们可以利用网络平台开展远程教育、在线教学等活动，拓展学生的学习空间和资源；利用虚拟现实技术模拟实验场景，提高学生的实践能力和创新能力。

（三）传统教育资源的现代开发与利用

传统教育资源作为教育发展的重要支撑，具有独特的价值和意义。在现代教育中，我们需要对传统教育资源进行现代开发与利用，以丰富教育内容和形式。

首先，我们要对传统教育资源进行挖掘和整理，发现其中蕴含的丰富教育价值。通过收集、整理和研究传统教育资源，我们可以发现其中蕴含的历史文化、科学知识、艺术审美等方面的内容，为现代教育提供丰富的素材和灵感。

其次，我们要利用现代技术手段对传统教育资源进行数字化处理和开发。通过数字化处理，我们可以将传统教育资源转化为数字化资源，方便学生随时随地进行学习和研究。同时，我们还可以利用现代技术手段对传统教育资源进行创新和开发，如制作电子书籍、在线课程等，为学生提供更加便捷、高效的学习途径。

（四）传统教育理念的现代融合与拓展

传统教育理念作为教育思想的精髓，具有深远的影响和启示。在现代教育中，我们需要对传统教育理念进行现代融合与拓展，以推动教育事业的持续发展。

首先，我们要将传统教育理念与现代教育理念相结合，形成具有时代特色的教育理论体系。通过深入研究传统教育理念与现代教育理念之间的联系和区别，我们可以找到它们之间的共同点和互补点，形成更加完善的教育理论体系。

其次，我们要将传统教育理念拓展到更广泛的领域和层面。例如，我们可以将传统教育理念应用于职业教育、终身教育等领域，推动教育事业的全面发展。同时，我们还可以将传统教育理念与国际教育交流相结合，推动中国教育的国际化发展。

三、传统教育思想在现代社会中的价值与意义

（一）塑造全面的人格与品德

传统教育思想强调德育为先，注重培养人的道德品质和人格修养。在现代社会中，面对复杂多变的社会环境和价值观冲突，塑造全面的人格与品德显得尤为重要。传统教育思想中的"仁爱""礼义廉耻"等观念，对于培养现代公民的责任感、诚信意识和道德规范具有深远影响。

在现代教育中融入传统教育思想，可以帮助学生树立正确的价值观和人生观，培养他们的社会责任感和历史使命感。这种教育不仅关注学生的知识技能培养，更注重学生的内在修养和道德品质的提升。通过这种方式培养出来的学生，能够更好地适应社会，成为有担当、有道德、有文化、有纪律的现代公民。

（二）促进和谐社会的构建

传统教育思想中强调和谐、尊重与包容，这些理念对于现代社会的和谐发展具有重要意义。在现代社会中，人们面临着种种矛盾和冲突，如何化解这些矛盾，构建和谐社会成为了一个重要议题。

传统教育思想提倡的"和为贵""己所不欲，勿施于人"等观念，为现代社会处理人际关系、化解社会矛盾提供了有益的思路。通过弘扬这些传统

思想，可以增进人与人之间的理解和信任，减少社会冲突，为构建和谐社会奠定坚实的思想基础。

（三）传承与弘扬民族文化

传统教育思想是民族文化的重要组成部分，它承载了丰富的历史文化信息和民族精神。在现代社会中，传承与弘扬民族文化对于增强民族认同感和文化自信具有重要意义。

通过教育和宣传传统教育思想，可以让更多的人了解和认同自己的民族文化，从而增强民族凝聚力和向心力。同时，传统教育思想中的智慧和价值观也可以为现代社会提供有益的文化资源，丰富人们的精神生活，提升社会的文化品位。

（四）为现代教育体系提供有益补充

现代教育体系在知识和技能传授方面取得了显著成就，但在德育和人文教育方面仍存在不足。传统教育思想强调德育为先、注重人文关怀，可以为现代教育体系提供有益补充。

将传统教育思想融入现代教育体系中，可以平衡知识与技能教育、德育与人文教育之间的关系，使教育更加全面、协调发展。同时，传统教育思想中的教学方法和教育理念也可以为现代教育提供新的思路和启示，推动教育创新和改革。

综上所述，传统教育思想在现代社会中具有多方面的价值与意义。它不仅有助于塑造全面的人格与品德、促进和谐社会的构建，还能传承与弘扬民族文化，并为现代教育体系提供有益补充。因此，我们应该深入挖掘传统教育思想中的宝藏，将其与现代社会发展相结合，为推动社会的全面进步贡献力量。

参考文献

[1] 苟琳编著. 溯源 中国传统文化之旅 [M]. 上海: 上海社会科学院出版社, 2017.01.

[2] 顾作义, 钟永宁编著. 守望中国价值 中国传统文化理念二十六讲 [M]. 广州: 广东人民出版社, 2019.02.

[3] 韩丁, 潘亚玲主编. 中国传统文化德语传播教程 [M]. 北京: 对外经济贸易大学出版社, 2022.11.

[4] 黄双华. 中国传统文化概观 第2版 [M]. 成都: 西南交通大学出版社, 2022.04.

[5] 姬喆, 蔡启芬, 张晓宁著. 中国传统文化元素与艺术设计实践 [M]. 长春: 吉林文史出版社, 2021.05.

[6] 李本军著. 心忧天下 中国传统文化中的忧患意识 [M]. 北京: 新华出版社, 2023.02.

[7] 李乾夫, 李鸿昌, 杨更兴, 杨增发著. 中国传统文化概论 [M]. 昆明: 云南大学出版社, 2015.08.

[8] 刘少虎, 彭明福, 余杨主编; 金业炎, 丁勇副主编. 中国传统文化概论 [M]. 成都: 电子科技大学出版社, 2019.06.

[9] 潘晓明主编. 中国古代家训与中国传统文化的大众化 [M]. 武汉: 湖北人民出版社, 2018.10.

[10] 孙丽青, 邵艺编著. 中国传统文化概观 [M]. 上海: 复旦大学出版社, 2014.03.

[11] 王坤著. 中国传统文化元素与艺术设计实践研究 [M]. 长春: 吉林人民出版社, 2019.11.

[12] 王善禄著. 中国传统文化论 [M]. 济南: 齐鲁书社, 2013.12.

[13] 王兴立著. 中国传统文化和大学生思想政治教育 [M]. 天津：天津科学技术出版社, 2018.06.

[14] 辛勤颖著. 和而不同：中国传统文化与工业产品设计融合性研究 [M]. 成都：电子科技大学出版社, 2019.03.

[15] 杨文笔主编. 中国传统文化导论 [M]. 银川：宁夏人民出版社, 2020.10.

[16] 袁荣高，张波，欧鋆主编. 中国传统文化教育 [M]. 成都：电子科技大学出版社, 2019.05.

[17] 张宏编. 中国传统文化概论 [M]. 北京：北京理工大学出版社, 2019.12.

[18] 张香君著. 中国传统文化与高校德育教育研究 [M]. 北京：北京工业大学出版社, 2023.04.

[19] 张义明，易宏军著. 中国传统文化概论 [M]. 西安：西北大学出版社, 2019.08.